浙江师范大学乡村振兴研究院出版经费支持出版

乡村振兴系列丛书

丛书主编：朱华友

浙江武义

从下山脱贫到乡村振兴

金中梁 ◎ 著

中国财经出版传媒集团
经济科学出版社
Economic Science Press

图书在版编目（CIP）数据

浙江武义：从下山脱贫到乡村振兴/金中梁著．--北京：经济科学出版社，2022.12
（乡村振兴系列丛书）
ISBN 978-7-5218-0179-8

Ⅰ.①浙… Ⅱ.①金… Ⅲ.①农村-扶贫-案例-浙江 Ⅳ.①F323.8

中国国家版本馆 CIP 数据核字（2023）第 012222 号

责任编辑：李　雪　高　波
责任校对：隗立娜　郑淑艳
责任印制：邱　天

浙江武义：从下山脱贫到乡村振兴
金中梁　著

经济科学出版社出版、发行　新华书店经销
社址：北京市海淀区阜成路甲 28 号　邮编：100142
总编部电话：010-88191217　发行部电话：010-88191522
网址：www.esp.com.cn
电子邮箱：esp@esp.com.cn
天猫网店：经济科学出版社旗舰店
网址：http://jjkxcbs.tmall.com
固安华明印业有限公司印装
710×1000　16 开　11 印张　183000 字
2022 年 12 月第 1 版　2022 年 12 月第 1 次印刷
ISBN 978-7-5218-0179-8　定价：56.00 元
(图书出现印装问题，本社负责调换。电话：010-88191510)
(版权所有　侵权必究　打击盗版　举报热线：010-88191661
QQ：2242791300　营销中心电话：010-88191537
电子邮箱：dbts@esp.com.cn)

序

认识金中梁同志已有多年，虽然很少见面，但他的身影经常在我的视野中。他从浙江师范大学中文系毕业后，没有离开故土，近半个世纪都在金华市团委、武义县、金华市委市政府等多种岗位上，辛勤耕耘，开拓创新，谱写了人生光彩的篇章。

金秋十月，我赴金华调研。见面后，金中梁告诉我说，他将自己40多年的工作进行了梳理总结，写了数十篇文章，准备结集出版，请我作序。我二话没说就答应了，因为中梁的为人处世给我留下深刻的印象：为了生于斯长于斯的金色大地，他如同一头勤奋的牛，在不懈地耕耘。

2021年，恰逢农历辛丑年（牛年）。习近平总书记在全国政协新年茶话会上提出，要"发扬为民服务孺子牛、创新发展拓荒牛、艰苦奋斗老黄牛精神"。这"三牛"精神凝聚着越是艰险越向前的力量，我就以"三牛"精神，来说说中梁的实践。

甘当"为民服务孺子牛"，就是任劳任怨、苦干实干，当好人民勤务员；就是把老百姓利益装在心里，用心用情为老百姓服务。中梁在武义工作11年，为解决人民群众温饱问题，1994年实施"下山脱贫"计划，将居住在高山、深山和石山里的近六万老百姓，逐步迁至山下安置。作为县委书记，中梁和班子成员一次次上山访贫问苦，解决了"出门行路难、儿童上学难、有病就医难、青年婚姻难、经济发展难、精神富足难"等几大难题。2003年，时任浙江省委书记习近平考察武义时说："武义下山脱贫是一项德政工程、民心工程，脱贫成效显著，经验十分丰富，值得总结推广，要善始善终继续抓好。"①2004年5月，在上海召开全球扶贫大会，金中梁作为县级脱贫唯一代表参加，并做了书面介绍。

争当"创新发展的拓荒牛"，就是要站在新起点，弘扬创新发展的拓荒牛精神，奋发扬蹄、披荆斩棘；就是要走别人没有走过的路、敢拓没有拓过的荒。创新就是敢为人先、勇于打破束缚生产力发展的旧框框，促进制度和科技的变革。2007年，中梁被任命为金华经济开发区党工委书记，这是一项全新的工作，经过深入的调查研究，从实际出发，他倡导要走出一条"依托老城、三产起步、再造新城"的开发之路，并提出要夯实"三大基础"：一是招大项目、做大产业，夯实经济基础；二是以人为本、拼搏奉献，夯实思想基础；三是改善民生、统筹发展，夯实群众基础。这三大基础，其最终目的，就是为了人民过上美好生活。经过持续奋斗，金华经济开发区提前一年晋升为国家级经济技术开发区。

愿当"艰苦奋斗老黄牛"，就是要戒骄戒躁，兢兢业业，持续拼搏。老黄牛在人们心中，从来都是勤勤恳恳、埋头苦干的代名词，也是共产党人吃苦在前、甘于奉献的生动写照。对党员干部来说，就要做"啮草坡头卧夕阳"的"淡泊之牛"，在纷繁诱惑中保持清醒头脑，堂堂正正做人，脚踏实地做事。在习近平总书记"绿水青山就是金山银山"理念的指引下，武义县提出"生态立县"以来，8位县委书记、历届县委班子"一张蓝图绘到底"，持之以恒，把"生态立县"战略贯彻到具体的经济社会发展实践之中。他们把南部山区定位"满目葱茏"，重点发展生态农业和建立自然保护区，以柳城、桃溪、新宅等乡镇为重点，大力发展有机茶、无公害蔬菜、蚕桑等生态效益农业，达到生态富民的目的。

---

① 张莹.下山、下山、走出大山天地宽［EB/OL］.（2018-10-08）［2022-10-15］. http://www.wynews.cn/wuyi/h5/web/details/pc/907919.

征途漫漫，唯有奋斗。中梁的人生征途依然在线上，回望过去岁月，他没有碌碌无为、虚度年华；展望未来星辰，可以相信，他依然会以奋斗者的姿态，续写精彩的人生。

浙江日报社主编　江坪
2021年金秋于杭州
知不足斋

前言
PREFACE

乡村振兴是我们党工作的重中之重。2021年中央1号文件《关于全面推进乡村振兴加快农业农村现代化的意见》明确提出："把县域作为城乡融合发展的重要切入点，强化统筹谋划和顶层设计。"这就把县域乡村振兴的研究提到重要议事日程。此时，浙江师范大学正谋划成立乡村振兴研究院，而我刚好从行政岗位上退下来。浙江师范大学请我当客座老师，我欣然接受。43年前，我在浙江师范大学求学；43年后，作为一名特聘教授重返母校，能够有机会与年轻学子们分享一些工作实践和个人感悟，这是一种机缘，也是一桩幸事。

乡村振兴是高质量建设共同富裕先行示范区的必然要求。这主要可从两个层面上看：一是从纵向看它的历史方位。实现第二个百年目标，短板在"三农"。当前中国社会最突出的矛盾是发展不平衡不充分。不平衡是城乡不平衡，不充分是乡村不充分。只有乡村振兴了，这个短板才能加长，这个矛盾才能解决。二是从横向看它的时代坐标。应对百年变局和新冠肺炎疫情，我们需要练好内功，夯实以国内大循环为主体的双循环战略基础。这个战略基础就是乡村振兴。不管世界风云如何变幻，稳住了"三农"这个"压舱石"，我们就有应对各种风险挑战的底气。

全面推进乡村振兴，既要继承和活化传统，又要接续和面向未来。中国有50多万个乡村，改革开放40多年来，形成了千差万别的发展形态。它们在乡村振兴过程中会呈现不同的趋势走向，有的与城镇融合成为城市的组成部分，有的成为中心镇或新型小城，有的随着人口的迁移而逐渐自然消亡，而更多的将成为产业兴旺、生态宜居、乡愁依旧的美丽家园。乡村振兴需要因地制宜，需要统筹谋划，需要彰显特色，只有在比较和分析中找到独特优势，紧盯目标、顺应规律、勇毅前行，才能走出一条具有个性化的发展之路。

1995年，34岁的我从金华市直机关调任武义县工作。之后，历任武义县委副书记、县长、书记；44岁，回到金华，在多个市级领导岗位任职。我在武义工作的11年，是恰逢千年之交的11年，是我年富力强干事业的11年，也是武义历史上变化最大、发展最快的11年。作为这一时期的亲历者、参与者、见证者，我以当事人身份，对当初武义发展的一些想法和做法，进行系统记录和梳理，或许对乡村振兴有所借鉴和启示。这也是《浙江武义：从下山脱贫到乡村振兴》编写的初衷和缘由。本书共分九章，主要按交通与城镇化、下山脱贫、基层治理创新、生态农业、超市经济、支柱产业、武义模式等内容进行编写。

经过一年的努力，目前，本书编写工作已经基本完成。在此，我要向为本书付出辛劳和汗水及提供各方支持的同仁们表示衷心的感谢！首先，我要感谢浙江师范大学为我提供乡村振兴研究院这个终身学习的机会、分享实践的平台、丰富人生的舞台。其次，我要感谢参与本书写作的所有成员，他们来自各个领域，与我不同时期的工作经历有过交集，亲历过程又总结实践，他们有的身处重要岗位、担负时代重任，有的正值家庭顶梁、担负生活重荷，有的处行棋的收官、职场的尾声，但是，他们无不无怨无悔，主动抽出时间，热情参与书稿完善过程，充实书稿的主体内容。最后，我要特别感谢浙江师范大学的葛深渭教授，是他倾注大量精力、进行谋篇布局，完成本书统稿过程，让书稿得以整体呈现。

参与《浙江武义：从下山脱贫到乡村振兴》编写工作，是一个小概率事件，这便是我们的缘分。"扛旗争先、崛起浙中"，时代吹响了新的号角，"金婺争华"将成为最具标识度的个性特质。让我们倍加珍惜这难得的历史机遇，为了金华和金华的发展，继续努力奋进。

金中梁
2022年7月

目录
CONTENTS

第一章 中国乡村建设工作重心的变迁 ………………………… 1
  一、乡村振兴战略提出的时代背景 ……………………………… 1
  二、国外部分发达国家乡村发展模式借鉴 ……………………… 2
  三、近代以来中国乡村建设的实践探索 ………………………… 5
  四、当代中国乡村振兴的主要目标和任务 ……………………… 11

第二章 武义县社会经济发展概况 ……………………………… 19
  一、武义县地理区位 ……………………………………………… 19
  二、工业发展情况 ………………………………………………… 20
  三、农业发展情况 ………………………………………………… 21
  四、旅游业发展情况 ……………………………………………… 22
  五、"超市经济"发展情况 ……………………………………… 23
  六、财政收入情况 ………………………………………………… 24
  七、交通发展情况 ………………………………………………… 25
  八、"下山脱贫"工作 …………………………………………… 26

第三章 交通和城镇化建设奠定武义乡村振兴根基 …………… 28
  一、交通和新型城镇化建设的重要性 …………………………… 28
  二、武义交通建设发展分析 ……………………………………… 30
  三、武义县新型城镇化发展分析 ………………………………… 33
  四、进一步发展武义县交通和新型城镇化的若干建议 ………… 37

第四章　下山脱贫夯实武义乡村振兴基础 …… 39
　　一、武义高山深山乡村振兴面临的现实困境 …… 39
　　二、下山脱贫对武义乡村振兴的现实作用 …… 44
　　三、武义下山脱贫的主要举措 …… 50
　　四、武义下山脱贫的成就与启示 …… 59

第五章　基层治理创新为武义乡村振兴提供制度保障 …… 63
　　一、基层治理的内涵 …… 63
　　二、基层治理制度创新的必要性 …… 64
　　三、基层治理制度的创新探索——"后陈经验" …… 65
　　四、武义县基层治理制度创新的思考 …… 76

第六章　发展生态农业助推武义乡村振兴之路 …… 80
　　一、生态农业的界定与特点 …… 80
　　二、中国生态农业发展基本概况 …… 82
　　三、当前中国生态农业发展的困境 …… 83
　　四、武义县生态农业发展状况 …… 85
　　五、武义县生态农业发展的几点启示 …… 94
　　六、武义县未来生态农业发展对策建议 …… 96

第七章　超市经济为武义乡村振兴提供产业支撑 …… 102
　　一、武义"超市经济"发展的基本情况 …… 103
　　二、武义"超市经济"成因分析 …… 106
　　三、"超市经济"对武义乡村振兴的作用 …… 111

第八章　凝练经济发展支柱　引领武义走向共同富裕 …… 116
　　一、武义旅游产业发展分析 …… 116
　　二、武义工业园区建设研究 …… 125

第九章　乡村振兴的武义模式
　　——当代中国乡村蝶变的县域样板 …………………… **145**
　　一、武义乡村蝶变的基础条件 ………………………………… **145**
　　二、武义实现乡村蝶变的基本经验 …………………………… **148**
　　三、武义实现乡村蝶变的主要启示 …………………………… **155**

参考文献 ………………………………………………………… **161**

第一章
中国乡村建设工作重心的变迁

一、乡村振兴战略提出的时代背景

（一）新时代中国社会主要矛盾的变化

党的十九大报告指出："中国特色社会主义进入新时代，我国社会主要矛盾已经转化为人民日益增长的美好生活需要和不平衡不充分的发展之间的矛盾。"随着中国特色社会主义建设进程的不断推进，城市化的不断发展，中国的"三农"问题进入一个全新阶段，"三农"工作中心发生了深刻变化，农业产出问题由供求关系问题转变为结构性矛盾问题；农业发展问题面临着科技瓶颈制约和产业格局调整，城乡关系二元结构加速向融合发展转变，农村劳动力供求关系转变为总量过剩与结构性、区域性短缺并存矛盾。这就要求乡村在发展的过程中要有新的创新、新的要求。

（二）中国经济社会发展不平衡不充分问题在农村表现更为突出

在中国现代化建设快速发展进程中，不平衡的农村区域发展依然十分明显；农村基础设施和公共服务相对落后；农村生态环境问题仍然比较突出；农业投入和农民增收的渠道狭窄矛盾未能得到根本解决；农民应对生产力快速发展和市场竞争不断加剧带来的能力不足问题依然普遍存在；乡村治理体系和治理能力缺陷未能得到充分提升。上述问题的存在不仅体现了新时代社会主要矛盾的变化，同时也对乡村振兴提出了新的更高的要求。

（三）实现"两个一百年"奋斗目标需要乡村振兴

习近平总书记提出："中国要强农业必须强，中国要美农村必须美，中国要富农民必须富[1]。"要实现中国发展的"两个一百年"目标，就需要农业、农村的现代化；需要持续加强城乡统筹，在消除绝对贫困的前提下，进一步缩小城乡差距，解决相对贫困问题；需要不断稳固农业基础、农村和谐、农民安居乐业，乡村振兴成为中国当今时代发展的必然选择。

二、国外部分发达国家乡村发展模式借鉴

（一）工业化、城市化与农村现代化同步发展的德国模式

德国模式的典型特征是城市化、工业化和农业农村现代化同步推进，在这一过程中基本消除了城乡之间的巨大差别。其基本做法有六个方面值得我们借鉴：一是通过构建比较完善的法律体系，强化对农业和农村的投入与保护，特别是农村公共基础设施的投入，保证城乡基本服务均等化，在注重环境保护、可持续发展的同时，特别强调农村要发展必须留住年轻人。二是通过构建多层次的合作化体系来降低农产品的交易成本，增加农民（农场主）

---

[1] 宋圭武. 中国要强，农业必须强 [N/OL]. (2022-11-22) [2022-11-30]. https://m.gmw.cn/baijia/2022-11/22/36177361.html.

的收益。三是运用法律手段发展绿色有机农业。四是充分运用现代科技手段促进农业走向智慧化、精准化。五是通过改善农村生产生活环境,加大对农村人力资本投入,保证农村发展所需人力资源的供应。六是通过开展多方位、多层次的竞赛,保证乡村发展的观念创新和内生动力。

(二) 统筹城乡发展的法国模式

法国是由传统的农业国发展成为以现代农业为主要标志的、农产品生产和出口的重要国家,在统筹城乡发展上作了积极探索并取得良好成效。法国的乡村建设有五个方面值得我们借鉴:一是从法国农村实际(小农场主为主)出发,推行农工商一体化的农业经营模式,通过大量的农业补贴发展农业,保护农民(小农场主)的利益。二是运用法律和国家政策手段调整农业产业布局,保证农业内部各产业之间、农村与城市之间的协调发展。三是通过乡村机构改革,整合国家投资,使各类支持乡村发展的资源发挥最大效用。四是重视农村人力资本投入,开展农业科技推广和农民教育与培训。五是重视城乡公共服务的均等化发展,通过实施城乡布局调整和保护,带动城乡一体化发展。

(三) 一体化统筹推进城乡发展的美国模式

在西方发达国家中,美国是城乡一体化发展最为成功的国家之一。美国在推进乡村建设中值得我们借鉴的经验主要有六个方面:一是构建了产业化水平极高的家庭农场。这主要得益于美国人少地广的国情,美国人均耕地达到 0.7 公顷[①]。农场基本实现了机械化耕作。二是注重农业科技成果的转化,实现科技对农业的有力支撑。三是强化农村各类基础设施建设,实现了城乡基本公共服务的均等化。四是构建了发达便捷的城乡商品流通体系。五是构建并完善了确保城乡统筹发展的农村发展补贴和确保农民收入增长的法律和政策体系,进一步稳定农民收入。六是通过国家力量,打通农产品的国际市场。

---

① 佚名. 从美国、日本农业的发展看我国农业的未来 [J]. 农业信息化, 2019 (7): 53 – 56.

（四）政府主导型乡村建设的日本、韩国模式

日本和韩国同属亚洲国家，同样具有人多地少的特点，但在开展乡村建设的过程中起点不同。日本是亚洲最早完成近代工业化的国家，在现代化的转型过程中出现过明显的城乡发展不平衡状态，因此乡村建设的重点是缩小城乡差距，实现城乡一体化。20世纪70年代之前韩国仍然是一个相对落后的农业国家，因此在快速推进工业化的过程中，必须同步解决农村的落后问题。虽然两国的乡村建设起点不同，但两国都是以政府推进为基本动力，且都有值得我们借鉴的地方。

日本的乡村建设始于法律、政策和规划（即1961年，日本颁布《农业基本法》[①]），首先解决产业布局和区域间均衡发展问题，为缩小城乡差距打下坚实基础，在这一过程中，政府起到了关键性作用。日本的乡村建设经验在以下方面值得我们借鉴：一是开展乡村整治与基础设施建设；二是引导制造业向小城镇和乡村转移；三是支持农村土地合法流动，促进土地适度规模化经营；四是重视乡村教育和技能培训；五是大力支持农业科技研发和推广；六是完善农村社会保障体系建设；七是积极促进农村各类协会建设，提高村民生活质量；八是构建农村劳动力就业服务体系，动员社会力量参与乡村建设。

韩国的乡村建设的根本目的是解决工业化和城市化的制约因素，但客观上也促进了韩国乡村的发展，其许多做法也有一定的借鉴意义。一是制定乡村建设的差别化支持政策，防止乡村建设的路径依赖，使国家资金支持发挥最大效用；二是创办合作金融，激发村民自我发展的内生动力；三是建立多方支持乡村建设协作机制，整合各方支农资金；四是开展乡村人力资源培训工作，支持各类志愿者积极参与乡村建设；五是坚持村民在乡村建设中的主体作用，调动村民参与乡村建设的积极性；六是加速乡村基础设施建设，改善乡村环境，鼓励企业向乡村转移，推进城乡均衡发展。

[①] 茹蕾，杨光．日本乡村振兴战略概况介绍［EB/OL］．（2020-04-08）［2022-01-02］．https：//en.investgo.cn/article/gb/yshj/202004/482941.html.

三、近代以来中国乡村建设的实践探索

以农立国,是古代中国社会治理的一种基本形态。经过几千年的积淀,建构了"差序格局""男女有别""礼治秩序""长老统治"的、完整的"乡土中国"概念。为了适应社会的转型,推动走向现代化,中国在乡村建设方面进行了许多艰难曲折的探索与实践。

中国的乡村建设经历了民国乡村建设→建设社会主义新农村→新农村建设→乡村振兴等发展阶段。

(一)新民主主义革命时期乡村建设实践探索

进入20世纪,特别是新文化运动以后,国外的各种思想和理论开始在国内广泛传播,对中国社会的发展起到了启蒙作用。受此影响,一大批进步青年和学者开始重新思考中国的前途和命运,尝试各种变革中国和使中国强大的路径方法。其中,部分进步青年和学者认为,中国的贫穷落后主要在于乡村的落后,要改变中国的落后状态,首先必须改变乡村、再造乡村。他们从各自的研究视角出发,提出了各种解决方案,并进行了乡村变革试验。

1. 新村主义思潮的传播与实验

新村主义发端于法国和日本,这种思潮本质上属于无政府主义,它幻想通过"和平的社会改造的办法",进行"共产村"实验,实现"理想的社会——新村"[1]。1919年3月,周作人通过《新青年》杂志把新村主义思想介绍进中国的知识界,此后一年多的时间里,新村主义思想在中国得到了广泛传播,影响了当时的一大批进步青年,包括以毛泽东为代表的早期共产主

---

[1] 资料来源:百度百科"新村主义"(https://baike.baidu.com/item/%E6%96%B0%E6%9D%91%E4%B8%BB%E4%B9%89/5323627?fr=aladdin)。

义者。1918年6月,毛泽东从湖南一师毕业后,曾偕同蔡和森、张昆弟等人寄居于岳麓书院半学斋湖南大学筹备处,他们在这里进行自学,讨论社会问题,自己动手挑水拾柴做饭,并设想在岳麓山附近建立起一个半工半读、平等互爱的新村。毛泽东对新村主义这种试图用和平的方式创建新生活和新社会的构想很感兴趣。为此,毛泽东制订了一个颇为详细的"新村"建设计划,把其中的一章《学生之工作》公开发表在1919年12月1日的《湖南教育月刊》上。毛泽东开篇就谈到建设"新村"是自己多年的梦想:"我数年来梦想新社会生活,而没有办法。七年春季,想邀数朋友在省城对岸岳麓山设工读同志会,从事半耕半读……事无成议。今春回湘,再发生这种想象,乃有在岳麓山建设新村的计议。"① 与此同时,还有一些进步青年在其他地方进行了新村实践,如余毅、陈视明等在江苏省昆山县子红村建立了"知行新村"、王拱璧在河南省西华县孝武营村构建了"青年村"、王光祈则设计了一个"菜园新村"等。新村主义的实验虽然描绘了关于乡村建设的美好图景,但无法满足当时的社会历史条件,最终因为其空想社会主义的本质而无法取得成功,但新村主义实验表达了知识分子希望通过建设新农村而改造社会的美好愿望,是中国农村建设思想的最初萌芽。

2. 乡村建设实验

在20世纪的20～30年代,有一批接受了近代新思想的知识分子以真实的乡村为载体,从各自不同的认识视角进行了乡村建设实验,其中最为著名的有晏阳初、梁漱溟、卢作孚、陶行知、高阳、黄炎培、章元善、彭禹廷、顾君义等,选择的实验地、实验内容也各不相同(见表1-1)。

表1-1　　　　20世纪20～30年代乡村建设典型实验(部分)

序号	主要主持人	发起时间	实验地	核心内容
1	晏阳初	1926年	河北省定县	开展平民教育:"三大方式"(社会式、学校式、家庭式三位一体教育);"四大教育"(文艺、生计、卫生、公民教育);"六大建设"(政治、经济、文化、自卫、卫生、礼俗建设)

---

① 毛泽东. 毛泽东早期文稿[M]. 长沙:湖南出版社,1990.

续表

序号	主要主持人	发起时间	实验地	核心内容
2	卢作孚	1927年	四川省巴县北碚乡	以经济建设为中心推进乡村现代化；强调自力更生，"实业救国"；学习西方先进技术和管理知识
3	陶行知	1927年	南京市晓庄学校	建设适合乡村实际生活的活教育，使学校成为改造乡村社会的中心，培养现代农民："教学做合一"，培养学生实践能力；通过兴办乡村教育学校培养合格的乡村教师；师生农民化
4	梁漱溟	1931年	山东省邹平县	以文化复兴为核心开展乡村建设；集"政、教、富、卫"为一体创办"乡农学校"，对农民进行伦理道德教育；经济上组织各类合作社，推广农作物优良品种；组建、训练地方组织，维护地方治安

资料来源：徐杰舜，海路. 从新村主义到新农村建设：中国农村建设思想史发展述略［J］. 武汉大学学报（哲学社会科学版），2008，3（23）：270-276.

3. 乡村建设的理论探索

前述乡村建设实验虽然进行了不同层面的探索，本质上仍然属于改良主义思想，未能真正触及中国数千年来乡村建设落后的根本原因，但在一定程度上丰富了中国基层社会改造的理论内容，为中国乡村建设思想的进一步发展积累了丰富的素材和经验教训。在同一时期，也有一批青年学者从理论上探索了中国乡村建设运动的基本路径，费孝通就是一个典型代表。1937年，费孝通在进行了大量深入调查的基础上写成了《江村经济》一书，提出了农村建设的根本问题不在于紧缩农民开支，而在于增加农民收入；要增加农民收入的根本出路是实行土地改革，平均地权。"富民"是解决中国农村和农民问题的根本出路。

（二）中华人民共和国成立后乡村建设实践探索（1949～1978年）

从1949年中华人民共和国成立到改革开放前近30年的时间里，中国乡村建设主要围绕打破制约乡村发展的落后的封建土地所有制，建立和完善社会主义土地所有制问题展开，主要分成三个阶段。

第一阶段（1949～1953年），主要任务是破除在中国农村延续数千年的封建土地所有制，开展土地改革运动，实现耕者有其田的小农社会理想，创造了让农民自由和致富的制度基础，一定程度上解放了农村生产力，促进了经济迅速恢复和发展。但由于小农经济模式的缺陷和农户的资源禀赋差异，农村中出现了两极分化现象，这与中国共产党领导的新民主革命的目标背道而驰，必须加以纠正。

第二阶段（1953～1956年），主要任务是彻底消除制约农村发展的制度基础，建立全新的社会主义土地所有制——农村土地集体所有制。这一过程在尊重农民自愿的基础上，从各地实际出发，因地制宜，通过典型示范，经过互助组、初级社、高级社方式，逐步完成农村的社会主义改造，最终在全国建立了农村土地集体所有制。以这一基本制度实行为基础，三级所有的经营制度为新中国的初期建设做出了重大贡献。

第三阶段（1957～1978年），中国乡村建设走了一定的弯路。随着农村社会主义改造的完成，1956年，第一届全国人大第三次会议首次提出了"建设社会主义新农村"的奋斗目标。为了实现这一目标，中共中央北戴河会议（1958年）决定在农村建立人民公社，由此以人民公社为载体的乡村建设在全国迅速铺开。但由于人民公社模式的制度设计缺乏内在的激励机制，在以一定程度上压制了乡村居民的积极性，进而束缚了农村发展。同时，人民公社制度设计也在一定程度上破坏了等价交换和按劳分配的基本原则，损害了群众利益，也挫伤了村民的积极性，阻碍了农业生产力的进步。人民公社制度虽然在主观上是为了促进中国经济的快速发展，但在一定程度上偏离了农村发展的客观规律，不利于乡村建设。随后，由于受这些制度和自然灾害的双重影响，中国农村建设进入了艰难发展阶段，最终于20世纪60年代中后期陷入了农村建设简单化、片面化、教条化和僵化的状态。农村经济总体发展缓慢，农民生活整体上的贫困状态未能得到根本改观，中国的乡村建设需要寻找新的突破。

（三）改革开放以来的乡村建设实践探索

中国改革开放后的乡村建设，在总结前30年乡村建设的经验、教训基础上，进行了大胆探索与创新，取得了丰硕的成果。这一阶段的乡村建设过程大致可以分为五个阶段。

第一阶段：探索与突破（1978~1984年）。这一阶段主要是改革农村基本经营制度，通过推行"包产到户"和"包干到户"等改革试验，最终在全国建立了家庭联产承包责任制。随后改革进一步深化，为了适应农村联产承包责任制的需要，废除了人民公社体制；在原有人民公社的基础上建立了乡镇人民政府，同时颁布相关政策，鼓励发展乡镇企业，初步构建了以家庭联产承包经营制为基础的新乡村体制，乡村建设取得了突破性进展，基本解决了农村居民的温饱问题。

第二阶段：探索农村迈向市场化（1984~1992年）。这一阶段乡村建设在全面确立和巩固农村基本经营制度的基础上，进行了全面的市场化探索，借助城市经济体制改革启动的机会，进一步改革农村流通机制，实现市场发展要素的城乡流动，重点围绕农产品流通机制改革和农产品交易市场建设，进而达到农村产业结构调整的目标。具体包括：（1）农产品流通体制实行"双轨制"（对同值的标的物实行两种不同的定价机制，一种是计划的垄断性定价，另一种是市场定价）；（2）鼓励农村、农民开展多种经营，发展培育乡镇企业，激励农民提升自身素养，加快新农民培养，促使新农村建设初现雏形。

第三阶段：建立健全农村市场经济体制（1992~2002年）。这一阶段乡村建设主要围绕以下三个方面展开：一是立法稳定前两个阶段探索的农村改革成果——以家庭联产承包经营为基础的农村基本经营制度；二是全面推进农产品流通体制改革；三是通过对乡镇企业的产权体制改革，推动乡镇企业快速发展。农村全面市场化机制基本建成，为21世纪的新乡村建设打下了坚实基础。

第四阶段：新农村建设全面展开（2002~2012年）。这一时期乡村建设的核心和重点是通过城乡统筹发展，解决农村综合改革和社会主义新农村建设等重大问题。2004年，中共中央、国务院年提出通过统筹城乡经济发展，达到建立促进农业和农村经济发展长效机制的工作目标。内容包含：健全农村土地管理制度；深化粮棉流通体制改革，全面开放粮食收购和销售市场，实现购销多渠道经营；构建支持保护农业产业制度；实行扩大农业对外开放，彻底改革农村税费制度，创新农村金融制度，健全新农村民主管理机制和制度，建立城乡发展一体化机制。2006年，国家工作重点是以城乡统筹为导向的新农村建设；为了进一步发展乡村，全面取消了农业税。2008年，中央提出要抓好农业基础设施建设，着力强化农业科技和服务体系基本支撑，逐步提高农村基本公共服务水平。2010年，中央提出转变农业发展方式，破除城乡二元结构体制，在推进城市化发展过程中，着力解决进城农民工的就业、社会保障、住房、子女教育、医疗服务等问题，力争为农民工进城就业创造良好的环境。

[链接] 新农村建设典型案例——浙江省

2003年6月，在时任浙江省委书记的习近平同志的倡导和主持下，乡村建设以农村生产、生活、生态的"三生"环境改善为重点，浙江全省启动了"千村示范、万村整治工程"，开启了村庄整治的大行动，其核心是改善农村的生态环境、提高农民的生活质量。习近平同志亲自部署，目标是在5年之内将浙江省内25%左右的村庄进行整治，整治的村庄数量达1万余村，并将其中约1000个中心村建成全面小康示范村。金华市当时村庄整治的主要内容为"穿衣戴帽（农村房屋外墙粉刷）""实现五化（道路硬化、路灯亮化、卫生洁化、村庄绿化、家庭美化）"。之后，浙江省又积极实施"乡村康庄工程""万里清水河道工程""千库保安工程""千万农民饮水工程""欠发达地区下山脱贫致富工程""百亿帮扶致富""欠发达乡镇奔小康""百亿生态环境建设工程""东海明珠工程"等，加大农村基础设施建设、加强环境整治力度，不断改善和提高农村的生产生活条件。2018年9月，联合国最高环境荣誉即"地球卫士"的颁奖典礼在美国纽约联合国的总部举行。浙江省"千村示范、万村整治"工程被联合国授予"地球卫士"奖中的"激励与行动奖"。

第五阶段：乡村改革全面深化，乡村振兴战略全面推进（2012年至今）。为了与快速推进的城市化相适应，中国的农村发展需要加快脚步。为此，中共中央和国务院部署了一系列重大战略决策来加速乡村发展。一是继续完善城乡融合发展体制机制；二是建立完善精准扶贫体制机制，国家制定统一的扶贫对象识别办法，推行贫困户建档立卡制度，明确贫困退出标准和程序；三是深化农村集体产权制度改革，确立了农村集体土地"三权分置"

（集体所有权，农户承包权，土地经营权分置）改革思路，促进经营权流转；四是推进农业供给侧结构性改革；五是提出全面实施乡村振兴战略，2018年9月，中共中央、国务院发布了《乡村振兴战略规划（2018—2022年）》，其中，远景谋划指出：到2035年，乡村振兴取得决定性进展；到2050年，乡村全面振兴，农业强、农村美、农民富全面实现。2021年，十三届全国人民代表大会常务委员会第二十八次会议通过了《中华人民共和国乡村振兴促进法》，为乡村振兴战略提供法律保障。

四、当代中国乡村振兴的主要目标和任务

（一）全面实施乡村振兴的伟大历史意义

1. 全面实施乡村振兴战略有利于实现社会主义现代化建设战略目标

习近平总书记在党的十九大报告中明确提出"两个一百年"目标，要实现这两个目标，农业农村现代化是关键。习近平总书记指出："中国要强农业必须强，中国要美农村必须美，中国要富农民必须富。"[①] 一个国家，特别是大国，要实现国家全面现代化，只能走城乡区域统筹协调发展这一条路，才能为国家的可持续发展打下基础、提供支撑。农业、农村、农民不能消除落后、萧条和贫困，就不可能建立现代化国家。改革开放以来，通过全国人民的共同努力，中国的农业农村总体发展较快，现代化水平有了很大提高。但是，目前的中国仍处于社会主义初级阶段，中国的农业农村发展还存在很多短板需要补齐，这些短板包括农业发展的资源和市场约束、巨大的城乡居民收入差距等。因此，实施全面乡村振兴战略，让乡村富裕、美丽、繁荣，具有重大的历史意义。

---

① 习近平. 论坚持全面深化改革［M］. 北京：中央文献出版社，2019.

2. 全面实施乡村振兴战略有利于当前中国社会主要矛盾的顺利解决

中华人民共和国成立以来，经过全国人民 70 多年的努力，特别是改革开放 40 余年的奋发图强，经济社会发展取得了巨大成就，大多数人民已经过上了比较幸福的生活，主要社会矛盾已经转化为人民日益增长的美好生活需要和不平衡不充分的发展之间的矛盾。要解决这一社会矛盾的关键在于充分解决中国社会发展还存在的区域之间、行业之间、城乡之间等不平衡、不充分的发展状况，其中最核心的问题是城乡之间的发展差异和不平衡。由于中国人口众多，城市发展不能无限扩张，不可能容纳绝大多数的人口，西方式的城市化发展模式并不能完全适合中国实际，因此全面实施乡村振兴战略具有极大的现实意义。

3. 全面实施乡村振兴战略可以保障最广大农民群众对美好生活的全新期待

生活在乡村的广大农民群众也有对乡村生活的美好追求。村美、民富、居住环境舒适是广大农民群众的基本需求。近年来，农业供给侧结构性改革进展明显，新农村建设成效显著，城乡发展一体化成果初现，脱贫攻坚任务完成，农村社会不断呈现出全新气象，改革开放的红利不断在乡村建设中显现，使农民得到了实惠。因此，立足中国国情，实施全面乡村振兴战略，可以使广大农民的获得感不断增加，最终有利于共同富裕目标的实现。

4. 全面实施乡村振兴战略有利于为世界发展中国家贡献中国智慧

在中国共产党领导下，广大中国人民立足中国国情，对国家建设与发展道路进行了许多积极有效的实践探索，取得了举世瞩目的成就，为全球进步和发展提供了有益的借鉴。同样，在有效应对和解决农业、农村、农民问题上，也创造了许多成功范例，诸如改革开放后出现的推动农村经济发展，带来农民致富的乡镇企业和发展小城镇探索；国家为解决城乡发展差异问题出台的城乡统筹和精准扶贫政策等都已经成为世界典范、全球的样板，深深影响了中国的发展决策。在现代化发展历史进程中，乡村衰落和城市贫民窟现象并存是世界性发展难题，全球各国家都陷于无解状态。如果中国在新的历史时代，通过实施全面乡村振兴战略，能解决这一世界性难题，不仅是对中国现代化发展道路的成功探索，是惠及亿万农民群众的伟大创举，同时也是对国际社会发展路径选择的昭示和引领，为全世界解决乡村问题贡献中国智慧和中国方案。

（二）全面实施乡村振兴战略的基本路径

1. 坚持以农民主体的发展理念

全面实施乡村振兴战略，必须始终坚持农民主体地位的建设理念，这是习近平总书记"以人民为中心"的思想在"三农"工作中的生动体现和充分展示，其最终目的是使农业发展得更好、农村进步得更快、农民受益得更多，为了更充分地满足亿万农民对美好生活的向往，同时也是为了中国的现代化发展能更平衡、更充分。坚持以农民为主体的发展理念，本质上就是以"三农"的全面发展为根本出发点和落脚点来全面推进乡村振兴战略。为此，乡村建设必须走质量兴农、绿色发展之路，推进农业由增产导向转向提质导向，优化农业生产和农产品结构，发展优势农产品，提升农产品加工水平，加快建设现代农业；全面审视和评估乡村的价值，发挥农业农村的多重功能，促进农产品转化增值，挖掘农业增收潜力，实现乡村经济多元化，拓展农村劳动力就业空间，促进资源变资产，增加农民财产性收入，持续增加农民收入，保护农民的合法权益。完善农村基础设施，破除城乡之间要素流动的障碍，缩小城乡在社会事业上的差距，提升公共服务水平；繁荣农村文化，塑造文明乡风，提升乡村治理能力，最终推动"三农"全面发展。

2. 坚持统筹规划发展之路

乡村振兴不是一个或几个方面的振兴，而是乡村全面的、全方位的振兴，必须通过统筹规划，全方位协调发展，才能顺利实现。结合中国乡村的具体情况，在统筹制定和执行相关乡村振兴规划过程中，必须特别关注以下四个方面：（1）统筹考虑乡村经济发展、政治生态、文化建设、社情民意、生态文明及党建情况等各项乡村振兴构成内容的综合谋划，促进乡村产业振兴、人才振兴、文化振兴、生态振兴和组织振兴。（2）充分重视在乡村振兴总体规划指导下的各类乡村详细规划的有机集合①，实质就是要把乡村振兴总体规划与乡村其他各类功能性规划进行统筹谋划，使乡村建设的政策、资金和其他支持力量能够集中统筹使用，使各类资源发挥最大效用。（3）注意用于乡村建设的各种资源的整合聚集，包括土地、资金、劳动力等资源要素，合理充分利用乡村森林、水、草原、生物、海洋等自然资源，以及互联网、大数据、人工智能等现代科技手段。（4）注重各方参与乡村建设力量的整合，这些支持力量不仅来自政府各层级、各方面、各部门，也包括企业、社会和广大农民的协同联动。

3. 坚持走多方融合发展道路

推进乡村全面振兴，不能单打独斗，要始终贯彻融合发展的理念，必须在构建有利于乡村融合发展的体制机制，这一体制机制必须包含四大子机制。

一是城乡融合发展机制，这一机制应该能做到促进城乡之间、村村之间的协调发展、互相促进、共存共生。通过发挥这一机制的功能，最终达成重塑城乡关系，推进城乡一体化的目的。

二是"三农"融合发展机制。通过"三农"融合发展机制将乡村产业、乡村人才、乡村文化、乡村生态资源融合成乡村振兴的合力，共同为美丽乡村、活力乡村、富裕乡村、文明乡村、民主乡村建设发挥作用。

三是"三产"全面融合发展机制。通过"三产"融合发展机制，可以将乡村产业链做长做宽，运用先进的科技手段，培育新业态、新经济，发展乡村社会化服务经济。

四是"三生"（即生产、生活、生态）融合机制。通过"三生"融合机制，在立足生产功能的基础上，培育壮大新产业；在立足资源禀赋基础

---

① 乡村详细规划主要指：乡村经济社会发展规划、主体功能区规划、城乡建设布局规划、土地利用规划、生态建设和环境保护规划、农村基础设施和公共服务发展规划、城乡社会保障建设规划等。

上,做大做强各具特色的优势产业;立足乡村全美建设目标的基础上,把农业做成美丽产业、把田野打造成靓丽风景产业,把当农民做成令人羡慕的职业,把广大的农村打造成人人羡慕的舒心家园,把村庄打造成令人心旷神怡的大花园。

4. 坚持特色禀赋因地制宜发展道路

中国幅员辽阔,各地禀赋各不相同,村情千差万别,由此各地区各民族孕育出各色各样的特色产业、村寨建筑、村规民约、礼仪习俗。因此,在全面实施乡村振兴战略中,必须从各地实际出发,精准把握当地的历史、文化和民俗,充分尊重不同地方、不同民族的不同发展水平,立足禀赋优势,因地制宜,设计各不相同的发展规划,搞好乡村振兴。从乡村振兴的本质上看,村庄既是农民的根基,也是区域特色的展现,更是区域人文内涵的现实载体。乡村振兴首先要尊重历史风貌和农民意愿,开展村庄整治和建设,使村庄农舍与自然山水、人文景观融为一体。对于某些具有鲜明历史印记和文脉特征的传统古村落、古老建筑群落,要设法加以保护、修复和合理开发利用。对处于深远山区的村落、生态敏感而脆弱的偏僻村落、基础设施条件差的村落,则必须由政府出面,聚合资源,通过移民搬迁、异地安置,下山脱贫等路径,改善村民的生产生活条件,使他们的生活条件得到改善。对于部分村级资源严重不足、基础薄弱、无法依靠自身能力获得发展的村庄,则要积极引导他们接受周边强村、强企的辐射带动,获得发展动力。总之,要充分尊重自然条件、历史人文、村寨风貌和百姓意愿,不搞"一刀切",不搞层层加码,杜绝"形象工程",量力而行,扎实推进乡村振兴战略的实施。

5. 坚持改革创新发展之路

改革开放以来,经过 40 多年的实践探索,中国在农村取得的最大成就就是全面解放了农村的社会生产力,农民福祉取得了巨大增进,农业农村现代化取得了极大进步。依据改革开放取得的发展经验,在新的历史时代,只要我们始终坚持改革创新的发展原则和思路,大胆开拓、积极进取,全面实施乡村振兴战略一定会取得成功。全面实施乡村振兴,始终坚持改革创新之路，需要从以下四大创新方面入手。

第一，不断推进农业生产要素集聚机制创新。乡村振兴首先需要振兴农业产业，农业产业的出路在于大力发展现代农业，这就需要做好基本的生产资料集聚工作，这是以农业农村经济规模化、集约化、专业化为主要特征的现代农业发展的基本前提条件。农业生产要素的集聚需要在尊重农民意愿的基础上，基于土地承包制度不变的前提下，不断健全土地流转机制和适度规模经营机制建设，努力提高有限土地的利用效率。同时还要建立引导金融资本投向"三农"、政府财政性资金倾斜"三农"、社会资本多元化投入"三农"、各类创新型人才投身"三农"的机制。

第二，农业主体培育机制创新。重视专业大户培育，提高生产经营水平。推动农业专业合作社品质提升，引导和扶持农业龙头企业，培育农业企业集群。鼓励发展农业生产经营主体与小农户联结的各种模式。构建新型农业社会化服务体系，重点推进新品种、新技术、新机具的应用，改造农业设施推动农业产业中间商能力建设，引导和鼓励各类人才为现代农业发展提供社会化服务。

第三，集体产权管理机制创新。深入推进农村集体"三资"管理规范化建设，因地制宜引导和支持农村集体经济进一步发展壮大，打造农民可持续增收新增长点。指导和扶持村集体经济薄弱村的自我发展能力，切实维护农民合法权益。

第四，公共资源配置机制创新。公共资源配置机制创新需要围绕以下四个方面展开：（1）探索建立城乡统一的建设用地市场；（2）建立综合运用法律、经济等手段遏制农地向非农化、非粮化倾向转移的管理机制；（3）围绕农民转得出、进得去、回得来的户籍原则推进户籍管理制度创新；（4）积极推进城乡公共服务均等化建设，促使城乡居民平等享有大体相同水平的基本公共服务，最终形成真正完善的城乡一体、共建共享的基本公共服务体系。

6. 坚持城乡共建、城乡共享的发展之路

最广大人民群众对美好家园的期待是全面实施乡村振兴战略的根本目标和核心追求。因此，实施全面乡村振兴行动，必须自始至终牢记以人民为中

心的工作宗旨，聚集各方力量，围绕村民最关心的、最现实的利益，形成最大合力，最终把乡村建设成为和谐、幸福、美丽的家园。为此，必须始终牢记坚持党政主导、农民主体、社会参与、建强组织的基本原则。乡村振兴是一项庞大的系统工作，只有坚持党政主导，才能保持工作协调性，真正扛起为农民谋幸福的重要使命。实施乡村振兴，旨在增进农民福祉，因而更要依靠农民，尊重农民意愿，激发农民参与意识，做到使最广大农民群体保持最大的热情和干劲，使农民不仅成为乡村振兴的衷心拥护者，还要成为乡村振兴的积极践行者。乡村振兴需要投入大量的资源要素，需要想方设法引导社会资本最大限度地投入乡村建设，需要充分发挥企业资本、经营人才等方面具有的优势，创新企业与村民之间的利益联结和分享机制；引导能人、大学生、乡贤回农村，为乡村振兴集聚资源和强大精神动力。村级党组织对于贯彻落实党的路线、方针、政策，有效开展农村治理和乡村振兴意义重大，实施乡村振兴需要抓好乡村党建，加强村党组织对集体经济的领导，想方设法做强、做大农村集体经济实力，探索保障村级组织正常运转的体制机制，夯实党在广大农村的执政基础，通过创新村民自治的有效实现形式，逐步形成民事民议、民事民办、民事民管的崭新的基层协商治理民主新格局。

（三）乡村振兴的目标任务

乡村振兴战略是习近平总书记在党的十九大报告中提出的，其目的是要从根本上解决中国的"三农"问题；2018年9月，中共中央、国务院印发了《乡村振兴战略规划（2018—2022年）》，详细阐述了乡村振兴的规划背景、总体要求、乡村新格局、具体路径、目标任务等内容；2021年4月29日，为了保证乡村振兴战略的全面实施，十三届全国人大常委会第二十八次会议通过了《中华人民共和国乡村振兴促进法》作为乡村振兴的法律保障。

乡村振兴的主要目标任务可以简单地概括为五个振兴，即产业振兴、人才振兴、文化振兴、生态振兴和组织振兴。其中产业振兴就是要着力构建现代农业体系，实现农业发展的高质高效；人才振兴就是要着力增强乡村的内生发展动力，吸引更多各类人才主动投身乡村建设；文化振兴就是着力传承发展中华优秀传统文化，使乡村文化再次兴盛起来；生态振兴就是要着力建设宜业、宜居的乡村美丽生态家园，使乡村成为宜居宜业、农民富裕富足的场所；组织振兴就是要加强以党组织为核心的农村基层组织建设，以确保广大农民能够安居乐业，农村社会更加安定有序。

第二章

武义县社会经济发展概况

一、武义县地理区位[①]

武义县位于浙江省中部，属于浙江省金华市管辖。东边与永康市、缙云县接壤，东北部与义乌市交界，南部与丽水市相依，西南部与松阳县相毗连，西边与遂昌县相邻，西北部与正北部分别与金华市婺城区、金东区相连接。地理位置介于北纬28°31′~29°03′，东经119°27′~119°58′之间。东西宽大约50千米，南北长大约59千米，县域总面积约1577平方千米。武义到杭州市区直线距离约157千米，距离金华市城区大约26.2千米，整体上属于长三角边缘区域，距离长三角经济圈核心较近，交通便捷。下辖3个街道（白洋街道、壶山街道和熟溪街道）、8个镇（柳城畲族镇、履坦镇、桐琴镇、泉溪镇、新宅镇、王宅镇、桃溪镇和茭道镇）、7个乡（大田乡、白姆乡、俞源乡、坦洪乡、西联乡、三港乡和大溪口乡）。

[①] 资料来源：根据360百科"武义县"词条内容改写（https://baike.so.com/doc/5116583-5345543.html）。

武义县地形呈西南高、东北低走势，南部、西部和北部三面环山，峰峦相接；属中亚热带季风气候，四季分明，温和湿润，雨量丰沛。境内山脉包括仙霞岭山脉、括苍山脉和八素山脉。全县千米以上山峰共有102座，其中位于武义县西部的牛头山为金华市的第一高峰，海拔达到1560.2米。武义县境内最低处海拔高度仅为57米，中部以丘陵为主，其中被东西向横贯县境中部的樊岭——大庙岭分为两大部分，形成两个河谷盆地，即武义和宣平，并进而把县境内的水流分成钱塘江和瓯江两大水系。武义县境内的两大水系均系山溪性水系，具有源短流急、河床比降大，水量丰沛，洪枯水位变化明显的特征。整个地理格局被俗称为"八山、半水、分半田"。

二、工业发展情况

武义是一个传统农业县，但从20世纪90年代以来，主动承接周边辐射，"无中生有"开启工业化进程，实现传统农业县向现代工业县跨越，工业经济的起飞得益于接轨永康等地的产业转移。1992年成立经济开发区，1998年在桐琴镇建立首个工业园区，2001年，县委、县政府首次提出"工业强县、开放兴县、生态立县"发展战略，将工业作为经济发展的主攻点。历届县委、县政府一以贯之坚持工业强县不动摇，推动形成以县城为中心、G235国道和永武线为两翼的工业布局，成为"永武缙"五金产业集群的重要节点。截至2021年6月底，全县开发区和工业功能区建成面积23.5平方千米，进区企业3214家，其中规上工业641家（2000年为69家），居金华第三（永康1025家、义乌744家）；纳税千万元以上企业数量排永康之后，居金华第二，2020年规上工业总产值527亿元（2000年为11.74亿元）[1]。拥有电动工具、食品接触容器、门业、旅游休闲产品、文教用品、扑克牌等六个国家级制造（出口）基地，产品远销欧美，出口"一带一路"沿线62个国家。其中，电动工具产量占全国1/3，其中电锤产量和出口量占70%以

---

[1] 2000年规上企业统计口径为500万元，2020年为2000万元。

上，居全国首位。门业产量占15%以上，扑克牌产量占60%以上，"两针两钉"产量占80%以上，链条产量占50%以上。以微电子蚀刻材料为代表的新材料产业、以寿仙谷有机国药为代表的生物健康产业正加速崛起①。

三、农业发展情况

截至2020年底，武义有永久基本农田27万亩②，建成粮食生产功能区12万亩③。近20年来，武义大力发展有机、品牌、智慧农业，农业现代化水平一直稳居金华市前列，农业总产值从2002年的8亿元增加到了2020年的26.28亿元④。获评全国唯一"中国有机茶产业发展示范县"，入选国家级电子商务进农村综合示范县。

有机农业方面：武义在全省率先出台有机农业十年发展规划，每年安排不少于2000万元的专项奖励，形成了茶叶、水果、中药材、食用菌、畜牧业等优势有机产业⑤。2001年获评"中国有机茶之乡"，2016年成功创建国家首批有机产品认证示范区。目前，全县共有国家有机食品生产示范基地6个，有机认证单位100家，有机产品205个，种植基地认证面积5万多亩，均居全国第一，产业链产值8.15亿元⑥。

智慧农业方面：武义于2004年建立杂交水稻科研推广基地，2019年成立袁隆平院士专家工作站，杂交水稻的推广与种植一直处于全国领先水平。近年来，该县大力推广机械化育秧和农业数字化生产线建设。

---

① 资料来源：武义县、义乌市统计局，金华市统计局、科技局提供。
② 1亩≈0.0667公顷，本书多处数据为原文引用，故不作修改，后面不再赘述。
③ 武义县投资促进中心. 县委财经委员会举行第9次会议，为武义高质量发展夯实耕地基础增添绿色底蕴 [EB/OL]. (2021-06-15) [2022-03-15]. http://www.zjwy.gov.cn/art/2021/6/15/art_1229450873_59074399.html.
④ 武义县统计局. 2020年武义县经济运行情况 [EB/OL]. (2021-01-28) [2022-03-15]. http://www.zjwy.gov.cn/art/2021/1/28/art_1229423543_3794428.html.
⑤⑥ 金华市生态环境局武义分局. 武义以有机创建赋能绿色转化 [EB/OL]. (2021-01-28) [2022-03-15]. http://www.zjwy.gov.cn/art/2021/1/23/art_1229450805_59064267.html.

四、旅游业发展情况

武义县旅游自1998年起步以来，经过历届县党委、县政府矢志不渝、接力推进，实现了从无到有的发展，旅游业逐渐成为县域经济发展的新引擎。先后荣获"中国温泉之城""全球绿色城市""中国天然氧吧""中国县域旅游竞争力百强县""全国生态养生产业示范基地""中国最具国际影响力旅游目的地"等荣誉。共有4A级景区5个（温泉小镇、清水湾、牛头山、大红岩、璟园）、3A级景区9个。游客人次、旅游总收入从2000年的23.3万人次、5949万元增长到2019年的2123.57万人次、212.69亿元[①]。

一是拥有生态、温泉、古村"三宝"。武义县生态环境优越，全县森林覆盖率74%，年空气质量优良率90%以上。武义温泉被称为"浙江第一、华东一流"，温泉日出水量达24150吨，是目前浙江省唯一由国土资源部命名的"中国温泉之城"[②]。武义古村积淀深厚，特色鲜明。郭洞古生态村、俞源太极星象村是中国首批历史文化名村，另外还有山下鲍等4个省级历史文化名村。

二是经历起步、加速、提升"三个阶段"。探索起步阶段，1998年7月，武义县首个旅游景区郭洞推向市场，拉开了武义县旅游发展的序幕。加速推进阶段，2002年，清水湾度假村对外开放，标志着武义县旅游业发展进入一个全新的阶段。2007年，武义县党代会提出了"旅游富县"的发展战略，进一步确立了旅游业作为第三产业的龙头地位。2009年，武义县明确了"打造中国温泉名城、构建东方养生胜地"的总体目标；2010年，被命名为浙江省旅游经济强县；2011年，入选浙江省旅游综合改革试点县。发展提升阶段，2013年，首创提出并启动实施"生态景区全域化"建设，着力打造县域大景区。2016年，在原有旅游富县基础上充实进"文化"内

---

① 武义县统计局. 2019年武义县国民经济和社会发展统计公报［EB/OL］.（2020-04-28）［2022-05-10］. http://wynews.zjol.com.cn/wynews/system/2020/04/28/032462742.shtml.

② 唐旭昱，倪妃露. 来武义，我养你［N］. 金华日报，2021-04-29.

涵，提出实施"文旅富县"战略。目前，已形成北部"温泉度假"、中部"丹霞探古"、南部"生态风情"三大养生游特色组团，形成了气养、水养、体养、食养、药养等康养主题，逐步打响了温泉康养品牌，"来武义·我养你"口号不断深入人心。

五、"超市经济"发展情况

武义"超市经济"起源于20世纪90年代，南部山区部分群众来到长三角地区开办超市，并不断发展壮大。截至目前，已有2万多名武义人在全国各地开办超市1万余家，带动10万余人就业，年销售额达600多亿元，被授予"中国超市之乡"称号[①]。

2003年，武义县委、县政府开始对"超市经济"进行调查研究和探索，针对超市数量庞大，但规模偏小、各自为战的现象，牵头组建了超市商会，成立武义超市经济服务中心，并先后出台超市业主联保贷款政策、《关于促进超市经济发展的若干意见》《武义超市发展状况及至2018年发展规划》等一系列扶持政策，引进"互联网+超市+产业链"项目，为超市发展提供资金支持、合作经营、供销信息对接等服务。同时，长期免费开展超市从业培训班，源源不断为在外超市输送优质员工，带动山区农民脱贫致富，20年来已累计培训5万多人。

蓬勃发展的超市经济不仅让1/4山区群众脱贫致富，还带动了武义本地农产品的销售。目前，仅长三角地区的武义特产专柜已达270余个，每年通过武义超市销售的本土特产销售额超亿元。富起来的超市业主积极反哺家乡、投身乡村振兴，形成了共富共享的良好局面。

[①] 汪旭莹，章馨予. 武义"超市经济"三十年闯出共同富裕路[N]. 金华日报，2021-05-31（01）.

六、财政收入情况[①]

2020年,武义县实现地区生产总值271.3亿元,比2000年(27.5亿元)增长8.9倍;财政总收入44.7亿元,比2000年(1.55亿元)增长27.9倍(人均财政收入武义从2005年就已经超过百强县东阳)。全县金融机构存款从2000年的18.8亿元增长到2020年的578亿元,增长了29.7倍(见表2-1)。

表2-1　　2000~2020年武义县地区生产总值与财政总收入增长表　　单位:亿元

序号	年份	地区生产总值(GDP)	财政总收入
1	2000	27.50	1.55
2	2001	30.25	2.56
3	2002	34.18	3.31
4	2003	40.46	4.63
5	2004	50.06	5.74
6	2005	59.67	7.06
7	2006	70.80	8.90
8	2007	88.24	12.09
9	2008	103.87	13.70
10	2009	112.65	14.37
11	2010	129.93	16.72
12	2011	149.03	20.52
13	2012	163.08	23.68
14	2013	181.43	25.97
15	2014	193.20	29.17

---

① 资料来源:根据历年《金华市统计年鉴》数据整理。

续表

序号	年份	地区生产总值（GDP）	财政总收入
16	2015	197.75	33.69
17	2016	213.86	37.46
18	2017	227.23	40.97
19	2018	246.49	43.89
20	2019	262.86	44.05
21	2020	271.33	44.70

资料来源：笔者根据历年《金华市统计年鉴》数据整理。

七、交通发展情况

武义自2003年起大幅增加交通基础设施建设投入，大批主干线等级得到改造提升，2005年实现了武义农村公路交通通达率全覆盖。2010年9月金丽温高速铁路动工兴建，2015年12月26日正式通车，实现了高铁"零"的突破。"十三五"期间，按照"构建更为完善的基础设施网络"的发展目标，武义县抢抓交通强国、金义大都市区建设、金武同城化等发展战略机遇，实现了公路通村率100%、公路硬化率100%、公交车村村通达100%。2020年10月，金武快速路正式通车，金华与武义两地城区的公路里程缩短至20千米、车程20分钟[1]。

2020年，全县公路通车里程从2000年的750.69千米提高到1444.947千米，已建成"四好农村路"11条精品线112千米，成功创建"万里美丽经济交通走廊"达标县、"四好农村路"省级示范县[2]。

---

[1] 吴振荣，张海滨. 一路连双城 融合共发展金武快速路开通［N］. 金华日报，2020-10-27.
[2] 朱犟. 大时代呼唤大交通 大交通助力大发展——2020我县交通建设亮点回眸［N/OL］. (2021-01-06)［2022-02-10］. http：//www.wynews.cn/share/8284008.html.

八、"下山脱贫"工作

武义县是全国最早开始探索实施下山脱贫的地区之一，相关做法在 2002 年世界可持续发展首脑会议、2004 年全球扶贫大会上向全世界推广。截至 2021 年 12 月底，全县累计搬迁 439 个自然村、5.2 万余人，下山人口占全县农业总人口的 1/5[①]，农民人均收入从 1993 年的 1049 元提高到 2020 年的 21076 元，增长 20 多倍[②]。武义县下山脱贫总体上可以分为三个阶段。

（一）下山脱贫 1.0

这一阶段，贫困治理工作重点是着力解决群众的温饱问题。为改变 8 万人居住在高山、深山和石山区，生存环境特别恶劣的问题，1994 年，该县颁布浙江省首份鼓励引导群众搬迁下山的政府令，确定"山顶向山脚，自然村向行政中心村，向沿路、沿集镇搬迁"的搬迁原则，详细制定分两步实施下山脱贫的总体规划，并陆续出台《武义县高山、深山农民下山脱贫办法》和《武义县下山脱贫若干问题处理意见》等政策，解决影响农民生活的水、电、路、邮、广播、电视等基础设施问题，鼓励高山、深山农民下山搬迁，使其生活得到极大改善。

（二）下山脱贫 2.0

这一阶段贫困治理的重点是着力解决群众的致富问题。2005 年左右，随着县域工业发展和城市化建设进程的加快，武义逐步把下山脱贫与工业园

[①] 蓝王燕. 政协提案巡礼：全域土地综合整治为兴城共富按下"快进键"[N/OL]. (2022-01-20)[2022-01-10]. http://www.wyc.news.cn/9576548.html.

[②] 武义县统计局. 2020 年武义县国民经济和社会发展统计公报[R/OL]. (2021-03-03)[2022-01-10]. http://www.zjwy.gov.cn/art/2021/3/3/art_1229423544_3818019.html.

区建设、城镇建设相结合，有意识引导下山脱贫人口向桐琴、泉溪等工业园区集中的地区迁移，在缓解工业园区劳动力需求的同时有效解决下山人口就业问题。同时，通过盘活原山区闲置资源、引导下山农民进行产业结构调整、组织实用技术培训等方式，不断拓宽搬迁群众的增收渠道。

（三）下山脱贫3.0

这一阶段贫困治理的重点工作是让山区群众共享高品质生活。自2020年起，武义县进一步拓宽工作思路，出台《武义县全域土地综合整治与生态修复工程建设管理办法》，实施"小县大城"战略，通过加大政策帮扶、拓宽就业渠道、完善公共服务体系等，积极引导山区群众由山下零散安置向县城和中心镇集中落户，实现居住地、身份、职业直接转化，一步到位变市民，提升群众生活品质和县城发展能级。同时，将老村土地进行复垦，腾挪建设用地指标用于北部发展工业，破解土地要素制约问题。根据人口集聚规模变化，建设完善相应的商业、学校、医疗、交通等公共配套设施。近3年来，全县新建城市展览馆、博物馆、市民广场等综合设施，新建（迁建）8家公办中小学和幼儿园。

当前，迭代升级"三篇文章"，全力推进"二次跨越"是武义县委、县政府工作的重中之重。2020年以来，武义县委、县政府把习近平总书记在浙江工作期间两次到武义考察并充分肯定的后发赶超、下山脱贫、"后陈经验"三项工作总称为"三篇文章"，要求全县干部在新时代迭代升级"三篇文章"（加快后发赶超推进高质量发展、深化下山脱贫打造高品质生活、拓展后陈经验实现高水平治理），全力推进武义经济社会发展实现"二次跨越"。争当山区26县跨越式发展排头兵，冲刺全国县域经济百强县。2020年，武义在社科院发布的全国县域经济百强榜单中排名172位，近2年上升71位[①]。

---

① 中国社会科学院财经战略研究院县域经济课题组. 中国县域经济发展报告（2020）[R/OL].（2020-12-23）[2022-01-30]. http：//naes. cssn. cn/cj_zwz/cg/yjbg/zgxgjjfzbg/202012/t20201223_5235779. shtml.

第三章

交通和城镇化建设奠定武义乡村振兴根基

党的十九大报告中提出了乡村振兴的五方面具体要求：产业兴旺是乡村振兴的经济表现，生态宜居是乡村振兴的环境底线，乡风文明是乡村振兴的文化主轴，生活富裕是乡村振兴的根本要求，治理有效是乡村振兴的社会基石。上述每项要求均与交通和新型城镇化建设密切相关。交通和新型城镇化建设能否加快发展事关一个县域的发展平台是否夯实，事关一个县域能否打赢脱贫攻坚战，事关一个县域能否如期实现乡村振兴战略。

武义县原来是浙江省 8 个贫困县之一。最近 20 年，武义县走出了一条依托自身优势，吸引要素集聚，推进跨越式发展的路子。武义的跨越式发展引起了各级领导、专家、学者的关注。"武义现象""武义模板"等观点频频见诸媒体。从贫困县到欠发达地区，到中等发达县市，再到如今步步逼近全国百强县，武义县只用了不足 20 年，武义县跨越式发展之路就是中国快速崛起的一个缩影。交通建设、新型城镇化建设无疑就是武义县跨越式发展的两个"开路先锋"。

一、交通和新型城镇化建设的重要性

市场经济条件下，区域竞争日趋激烈，一个地区投资环境对经济社会发展所起的影响和作用越来越大。交通、电力、通信等基础设施的滞后已成为后发达地区发展滞后的一个重要原因。如何打破基础设施瓶颈和城镇化效率低的制约，是后发达地区寻求乡村振兴必须要解决的课题。

（一）交通运输对乡村振兴的支撑作用

交通设施建设是农村基础设施建设中的重要环节，也是乡村振兴战略规划中的重要部分。促进农村居民物质财富持续创造能力的提升是乡村振兴的关键，交通基础设施向农村地区倾斜配置，通过改善城乡收入差距，有效提升农村居民人力资本积累水平是配置的必由路径。

乡村振兴战略背景下的农村公共交通、建设工程，能够对农村地区的基础设施建设带来极大改善，为农村地区的经济社会发展带来重大机遇，提高我国城乡整体发展水平，缓解发展不平衡、不充分、相互掣肘所产生的社会矛盾和问题。

（二）新型城镇化对乡村振兴的助推作用

越是后发地区，越要加快新型城镇化。新型城镇化是后发地区实现从脱贫攻坚到乡村振兴转轨的重要手段。后发地区产业结构的调整和优化有赖于新型城镇化的快速推进。城镇化不是简单地集聚人口，而是要通过集聚生产要素，达到产生规模经济效益的目的。

后发地区第三产业的发展也有赖于城镇化的推进。一定规模的城镇化是形成第三产业、增进第三产业效益的基础。推进城镇化发展是第三产业培育的有效路径，原因在于一定规模的城镇化不仅可以带动餐饮服务、交通运输等产业的发展，而且还对科技、文化教育、保健服务、信息服务以及其他社会服务形成巨大需求。

（三）新型城市化对乡村振兴的推进作用

推进新型城镇化，有利于推进农业产业化。通过城市化来吸收农村富余的劳动力，加快农村人口向非农化转变。农业产业化的一个根本前提是要实现规模经营。如果不把大量的农村剩余劳动力从土地中解脱出来，农业产业化也就无从谈起，通过城市化扩大对农产品的需求，为大规模的农业产业化经营提供广阔的市场，从而最终解决农业增效、农民增收的问题。

加快推进新型城镇化，有利于经济社会的可持续发展，有利于提高人的综合素质和社会文明程度。

总而言之，加快推进新型城镇化，有利于产业兴旺，有利于生态宜居，有利于乡风文明，从而有利于实现乡村振兴。

二、武义交通建设发展分析

（一）武义交通建设发展轨迹

武义县第一条公路建于民国21年（1932年），由金华武义永康汽车服务公司投资，次年建成金永武公路及上菱道至武义县城公路，并实施公路养护。

武义县交通建设快速发展时期就是最近30年。截至2018年，全县公路共有401条，其中高速公路1条25.93千米，国道2条79.37千米，省道2条28.837千米，专用公路3条8.499千米，县道36条470.125千米；金温铁路、金丽温高速公路、国道G330穿越县域；省道S312、S220贯穿全县。到2020年底，全县已建成公路通车总里程达到1445千米。武义县已建成"一高两纵五横"的公路网。等级公路网密度达到86.98千米/百平方千米，居金华市第4位[①]。全县公路布局合理、结构优化、四通八达的公路交通网络已基本成型。

---

① 资料来源：武义县交通运输局（提供）。

（二）武义交通建设发展的"四次机遇、四上台阶"

第一次是"六五"规划与"七五"规划交接之际。浙江省政府出台了定额补助政策，支持农村公路建设。武义县抓住了这次机遇，于1988年实现了全县公路"乡乡通"的目标。

第二次是1996年。浙江省委、省政府为推进山区扶贫工作，提出到2000年全省农村基本实现村村通简易公路的奋斗目标。到2020年，全县公路通车总里程为831.74千米，虽然公路通车总里程增速很快，但总体而言，简易公路多、砂石路多、公路技术等级低、路面硬化率低，最终也没有实现村村通简易公路的目标。

第三次是2003年。这年6月，浙江省委、省政府作出了实施乡村"康庄工程"的重大决策，并把它列为全省建设小康社会，实现现代化的重要目标之一来部署。为贯彻落实浙江省委、省政府这一决策，各级地方政府纷纷出台相关政策。武义县政府出台了《武义县乡村公路建设管理办法》，同时印发武政发〔2004〕23号《武义县人民政府关于建立交通建设投资融资体制的实施意见》。截至2007年底，武义县顺利实现了等级公路通村率100%，通村等级公路硬化率100%的"双百"目标。

第四次是2018年。党的十九大报告中提出了乡村振兴发展战略，武义县出台《创建"四好农村路"示范县和建设万里美丽经济交通走廊的实施方案》《关于贯彻高水平建设"四好农村路"的实施意见》及加快推进《农村公路改造提升工程实施管理办法》。按照"景区公路优先，人员密集交通量大的优先，行政村未通公交班车的线路优先，临水临崖路段优先，乡镇村积极性高的优先"原则，武义县一大批"美丽公路""通景公路""四好公路"得以提升改造，有力推进了乡村文旅产业发展和美丽乡村建设（见图3-1）。此项工作走在了金华市前列。

图 3-1　武义美丽公路（张建成、李云升　摄）

（三）武义交通建设主要成就①

武义县交通建设发展 30 年，抓住"四次机遇"，提升"四个台阶"。但是，每次机遇、每个台阶，都对武义经济社会的发展起到促进作用。其中，武义县交通建设发展的"第三次机遇、第三个台阶"，处于承上启下、关键位置，堪称武义县交通建设发展史中的高潮，最出彩的篇章。其中，"十五"期间完成建设总里程 1478.22 千米，占 30 年里总里程 2357.16 千米的 62.71%；完成路面硬化里程 847.02 千米，占 30 年总里程 1272.24 千米的 66.58%。这两项里程 5 年的进展超过另外 25 年之和，其中最具标志性的工程主要有以下六个方面：

（1）金丽温高速公路武义段，主线长 25.93 千米，2002 年 12 月全线建成通车。

（2）G330 国道武义段，全长 11.47 千米，2004 年 12 月改建工程建成通车。

（3）金丽温高速公路连接线总长 9.80 千米，2003 年 9 月建成通车。

（4）S312 永武二线武义段，全长 18.5 千米。2003 年 12 月开工，2005 年 12 月建成通车。

（5）S220 上松线武义段，全长 72.28 千米。2006 年 12 月二期、三期、四期改建连续完工。

---

① 资料来源：武义县交通运输局（提供）。

（6）X307 武丽线，2002 年 6 月完成双路亭入城口段，2006 年 12 月完成双路亭至新宅段的一期、二期、三期改建。武丽线是武义县境内公路网另一个"一纵"。

（四）武义交通建设取得成就的主要因素

一是得益于时任省委书记的习近平提出的"八八战略"的指引；得益于省委、省政府作出的"康庄工程"建设的英明决策。

二是得益于武义县委县政府首次提出"工业强县、开放兴县、生态立县"三大战略，在这个战略背景下，把交通建设当作主要抓手。

三是得益于武义县委一班人带领全县机关党员干部发扬"砸锅卖铁"修路精神。譬如永武二线武义段，为一级公路，总投资 1.6 亿元。当时，县财政还是比较困难。县委大院房子老旧，也迫切需要搬迁或翻新。但是，县委班子认为只有修好永武二线才能吸引永康企业主到武义办厂企业，只有"产业接轨永康"，才能实现"工业强县"的战略。于是，县领导带头勒紧裤腰带，过紧日子，把有限的财力投向交通建设。

四是得益于科学的交通建设发展规划。经过多年反复研究、论证，2004 年 7 月，金华市交通局、武义县政府批复《武义县公路交通建设规划（2003～2020）》。

三、武义县新型城镇化发展分析

（一）武义新型城镇化发展概况

自唐天授二年（公元 691 年）建县起，武义县城 1300 多年里长期偏居于熟溪北岸、壶山南麓狭小区域。

武义县新型城镇化之路是从县城总体规划与县城改造相结合开始起步。

20世纪80年代以来，武义先后进行了四次县城总体规划和多次修编。与此同时，武义镇村规划也在全县铺开并得以实施。

第一次发展规划实施（1983~1992年）后，武义县城发展取得了如下成果：拓宽和延伸了解放街，改造了熟溪北路，新建环城南路、溪南街、城脚路等城区主干道路。调整了城区的工业布局，建设了江山新村等新居民点。增加和改善了公共设施、商业网点。

第二次发展规划实施（1993~1998年）后，武义县城发展取得如下进展：县城东北新区（商贸住宅区）框架建设基本完成；武阳路、东升路、温泉路及沿街建设完成，县前片、壶山下街拆迁及回建工程完成；城市基础设施建设，如液化气、自来水、供电、电信、广播电视等明显加强；一批现代化商住区及商业区建成使用。城区新建3座桥梁；武义火车站及站前广场建成并投入使用，金温铁路全线通车，构成武义对外交通新的体系。

第三次发展规划实施（1999~2005年）后，武义县城发展取得了新进展：温泉南路拓宽改造、双路亭入城口以及温泉北路（北岭新区），南门街拆迁，城西入城口等建设项目相继完成；解放街第二次拆建，俞源街沿线地块旧城改造、紫金五圣、宏马时代广场、五金一条街、锦绣华都等一大批商业中心相继崛起。象龙小区、塔山小区、南湖花苑、栖霞花苑等居民区建成；滨江广场、梅郎山公园、湖畔公园、壶山公园相继建成投入使用；建成熟溪桥至白洋渡沿岸的堤防工程；完成污水处理工程（一期）、壶山自来水厂工程；温泉山庄、清水湾温泉度假村等建成投入；百花山工业园区、文教旅游工业功能区、东南工业园区建设取得更大进展；北岭新区城市设施建设迈开大步。框架道路和给排水工程基本建成。

第四次旧城改造始于2017年。这一次改造被称为武义县城有史以来最大规模的旧城改造。这项旧城改造项目包括城西三期、程王处、下王宅鸣阳、壶山下街、溪南五大区块城中村（棚户区）改造和古城保护建设。合计红线面积60.6万平方米，共涉及4200多户，需投入资金近100亿元[1]。目前，这个项目即将全面完成。

---

[1] 朱跃军. 投入资金近百亿元，武义旧城改造已经进入"攻坚阶段"[N/OL]. 金华日报，2018-03-26 [2022-01-30]. http://cs.zjol.com.cn/zjbd/jh16510/201803/t20180326_6881304.html.

经过近40年的发展，武义县新型城镇化取得了巨大进步。40年前，城市人口只有2.2万人，建成区面积只有2.07平方千米。截至2019年底，武义县城市人口已经达到34.55万人，农村人口达到20.16万人，建成区面积达到19.93平方千米①。"十三五"末，武义县建成区绿地率达到39.5%，绿化覆盖率43.57%，人均公园绿地面积达14.70平方米/人②。不久的将来，一个以"温泉康养名城"为底色，国家生态文明建设示范县、国家森林城市、国家园林县城集于一身的江南美丽县城就会呈现在我们眼前。

（二）武义县新型城镇化发展动力之源

罗列武义新型城镇化发展40年历程不难，梳理武义新型城镇化发展40年轨迹也不难，但要分析出其中的逻辑，把握其中的规律，辨析其中动力之源却十分不易。多年来，许多领导干部，还有专家、学者研究过武义新型城镇化发展之路，提出了许多颇有价值的观点，这些观点概括如下。

1. 讲政治

"讲政治"是事业发展的"发动机"，是武义县新型城镇化发展动力的"源头"。"讲政治"就是不忘初心，牢记为人民谋幸福的宗旨。武义县新型城镇化发展曲线与"讲政治"正相关。哪一段时期最"讲政治"，哪一段时期发展速度最快。新型城镇化如此，交通建设如此，其他事业也未跳出这个规律。

2. 科学规划，合理布局

在城镇规划和布局中，武义县突出了以县城和重点建制镇为中心地位，系列特色镇群组合而成的个性化生态型的精品城。科学规划强调智慧与技术，而创新思路除了智慧与技术外，还要勇气与担当。武义县新型城镇化发

---

① 武义县统计局. 2020年武义统计年鉴 [EB/OL]. (2020-11-30) [2022-01-30]. http://zjwy.gov.cn/ant/2020/11/30/ant_1229423545_3707084.html.
② 武义县发展和改革局. 基于七个维度主要指标判断武义方位——武义与金华兄弟县市比较分析报告 [EB/OL]. (2021-12-20) [2022-01-30]. http://www.zjwy.gov.cn/ant/2021/12/20/ant_1229185111_59251380.html.

展得益于坚持"一张蓝图绘到底"理念。武义县20年前就提出了"市场接轨义乌、产业接轨永康、城市接轨金华"的发展战略。武义今天"风景这边独好",正是因为历届县委、县政府坚持不懈践行这三个战略。当然武义发展的20余年里也并非每届县委、县政府态度一样坚决,执行一样到位。有些时候不够坚决,有些时候摇摆,有的甚至迷失方向。

3. 由产业发展拉动城市发展

武义经济开发区、五金机械、文教旅游用品等工业园区拓展了武义建成面积,有效地支撑和推进城市化发展。如果没有产业的集聚,武义城市化就是空中楼阁。

4. 由人口集聚推动城市发展

武义县在通过产业集聚的同时,还在户籍、教育、土地等方面出台政策,鼓励人口向县城和中心镇集聚。其中,尤以下山脱贫政策引人注目。最近,武义县实行下山脱贫"3.0版"政策,让6000多搬迁下山村民一步成为市民。

5. 由城乡一体化助推城市发展

武义县同步开展建制镇、乡村建设规划,并同步实施。加大对"三农"的投入力度,扩大公共财政覆盖农村的范围。分批开展旧村改造和村庄整治。

6. 由交通建设引领城市发展

以打通武义县城北岭隧道为例。从工程技术、工程耗资等方面而言都不是问题。但是,刚提出这个工程设想时,在武义县机关干部、广大市民中出现很多不同意见。许多人在议论,壶山中"穿个洞"会不会影响风水?武义县决策者顶住压力,完成了这项工程。

温泉隧道是个小工程,但其意义非凡。它的建成通车不但连接了老城区、北岭新区两个区块,加快了北岭新区建设步伐,而且开启武义县城从"熟溪时代"向"壶山时代"的转变。武义县城从"水从城脚过"转变为

"水在城中流",再到"三山立城中、三水城中过"。

随着金武快速路与温泉北路的无缝衔接,金武同城的话题,成了武义上下最热门的话题。如今再回首温泉隧道,它堪称革命性工程。2021年,武义县交通局为纪念金武快速路建成通车专门出版了一本画册《一路向北》。这本画册的名称响亮,内容充满诗情画意。

四、进一步发展武义县交通和新型城镇化的若干建议

30多年,武义县交通和新型城镇化发展变化是巨大的。但是,我们也要清醒认识到,无论是交通建设还是新型城镇化,仍然存在不少不足和问题,走了不少弯路,出现了一些败笔,需要我们认真反思,总结经验,吸取教训。同时,武义县交通和新型城镇化目前现状,与先发地区比,与金华市争创社会主义现代化先行市的要求比,与浙江省打造"重要窗口"的要求比,还有不少的差距。

(一)关于发展武义交通的建议

(1)武义交通建设要以《交通强国建设纲要》为指引,以打造立体互联、质量卓越的基础设施体系为重点,通过推动交通运输服务与前后向、上下游关联紧密产业的协同联动,培育壮大"交通+旅游、交通+互联网、交通+商业地产/居住"等跨界融合、多业联动的产业发展新格局,引领社会经济全面发展。

(2)充分衔接国家"两个一百年"奋斗目标和长三角一体化等重大战略措施,加强现状分析和远景预测,科学构建规划目标体系,深入研究规模和结构问题。以综合交通基础设施网络、通道、枢纽布局为重点,立足长远谋划和控制。加快铁路及城际轨道建设、完善高速公路网络布局、建立县市域快速路网体系、推进四好农村公路建设,统筹城乡公共交通,开展智慧交通和绿色交通建设,推动现代化综合交通运输体系布局构建、运输服务水平

提升及行业治理能力的提升。

（3）坚持以园区建设为核心，以体系建设为目标，以培养市场为抓手，形成以公路、铁路为主的运输服务体系，建设城乡一体的物流服务网络，不断扩大物流运输覆盖范围。

（4）建立"十四五"时期项目库管理体系，精心布局铁路、公路、客货运输枢纽场站、通用机场、管道运输、缓解城乡交通拥堵的主要公路及农村公路等重点项目，落实前期研究、近期建设、远期谋划项目库。

武义县要紧紧围绕"武义康养名城、绿色制造基地"发展定位，牢牢把握"三篇文章"工作主线，加快推进"兴城共富"，大力实施"小县大城"战略，统筹内聚外引，协调城乡南北，推动新型城镇化高质量发展。

（二）关于发展武义新型城镇化的建议

（1）加快金武同城步伐。持之以恒坚持城市接轨金华的思路，主动融入金义都市区，高标准开发建设"金武新城"，打造集商务办公、商业综合体、品质住宅、优质教育、医疗资源等功能的现代化新城区。

（2）加快城市更新步伐。高质量提升改造主城区，加快旧城区城市更新行动。要重点改造温泉北路和温泉南路。建议把金武快速路武义段改名为温泉北路，温泉大桥至莹乡路段更名为温泉中路，温泉南路起始从温泉隧道南端改为从温泉大桥南桥头，终点暂时不变。把温泉路打造成武义县城最豪华的中轴线。

第四章

下山脱贫夯实武义乡村振兴基础

一、武义高山深山乡村振兴面临的现实困境

武义下山脱贫，是坚持问题导向、为切实解决居住在高山深山群众的现实困难而提出并予以实施的。武义县属于山区县，呈"八山半水分半田"地理格局，特别是南部，群山连绵。据统计，全县海拔80~1560米的高山约101座[①]。1991年6月，武义县南部山区有13个乡镇属于贫困地区，其面积占全县一半，人口占全县1/3。这13个贫困乡镇的12.4万贫困人口中，8万多人居住在高山、深山和石山区，其中有4万多人生存环境特别恶劣，发展环境特别艰难[②]。主要表现为"七大难"：出门行路难、儿童上学难、青年婚姻难、有病求医难、实现"六通"难、发展经济难、精神富足难。

---

① 武义县委组织部. 董春法："六千精神"的力量［EB/OL］.（2021-07-08）［2022-01-10］. http：//www.wuch.gov.cn/art/2021/7/8/art_1229182518_58937821.html.
② 蒋文龙，李增炜，朱海洋. 浙江武义："下山脱贫"三级跳［EB/OL］. 农民日报，2021-03-01［2022-01-10］. https：//szb.farmer.com.cn/2021/20210301/20210301_001/20210301_001_5.htm.

（一）出门行路难

武义有个村叫梁家山村，海拔946米。现在已被当地一家房地产企业（宏福房产）开发为民宿了，据说生意还不错。当年当地群众流传着这样一段顺口溜："梁家山、梁家山，七条横路八个湾，石臼麦磨放大间（指农房中的大厅），有囡不嫁梁家山，吃碗点心不喜欢。"从山脚上山到梁家山村，要走2个多小时的羊肠小道（见图4-1）。到这样的村做客，虽然有点心吃，但要爬这么高的山，累得汗流浃背，心里当然不喜欢。坦洪乡有个村叫软朝村，也在海拔800米以上的山顶，山脚到山顶全是羊肠小道。农民潘寿华说，他年轻时买了一辆自行车，在山下亲戚家放了18年，从没有骑回家过。由于交通闭塞，这些高山深山村与外界接触很小，下山搬迁前，有的村竟有80%以上的村民没有到过县城。

图4-1 武义贫困山村出行之路（金中梁 摄）

(二) 儿童上学难

城里的孩子上学，父母早上送、晚上接。山里的孩子上学，要到十多里甚至三四十里外的中心村、中心镇，一住就是一个星期，生活学习都得自己照顾自己。山里读书的孩子吃的是咸菜，为了省着吃，据说在酿咸菜时是一斤盐一斤菜。有一次省电视台的记者到武义县西联乡下山脱贫村采访，路上遇上一位10来岁年纪的小孩子。记者问小朋友：以前家在哪儿？小孩说：在很高很高的山上。记者又问现在住哪儿？小孩回答说，现在就在乡政府边上。记者又问以前上学与现在读书有什么区别。小孩告诉记者：以前很久都看不到爸爸妈妈，天天都吃咸菜，现在天天都看到爸爸妈妈，每顿都吃到青菜了。每天能看到父母，吃到青菜，对山下的孩子来说，是平平常常的事，但对原先山里的孩子来说，却是个不小的奢望。

(三) 青年娶亲难[①]

山里人光棍多，武义的下山脱贫村当中，大多数存在年轻人娶老婆困难的问题。俞源乡的九龙山村，全村68户189个人口，下山前光棍有42人。西联乡金山村和饭甑村，金山村全村300多人，村里光棍有44个；饭甑村全村500多人，光棍有56个。柳城畲族镇的张大山和大岭头村，张大山全村327人，光棍30多个；大岭头全村302人，光棍有50多个（见图4-2）。这些下山脱贫村往往流传着娶亲难的顺口溜：如"九龙山、九龙山，十年九年旱，有囡不嫁九龙山"等。九龙山村村民李芳桂有4个儿子，下山前当时大的已46岁，小的33岁，一个也成不了亲。该村有一个小伙子在外地打工3年，好不容易谈了门亲事。春节带着未婚妻回家过年，还没爬完九龙山岭，未婚妻就向小伙子发出了最后"通牒"：要么跟她下山入赘当上门女婿，要么留在山上当光棍。

---

① 资料来源：笔者实地调研。

图4-2 武义县某光棍村（金中梁 摄）

（四）有病求医难

这些村庄山高路远，居住在那里的老百姓生点小病、慢性病还好说。一旦得了急性病，有时甚至会因这"山高路远"而断送性命。当年王宅镇紫溪村老支书30多岁的儿子，因到田里治虫时，使用农药不当中了毒，而村子离医院太远，人送到半路便停止了呼吸。

（五）实现"六通"难[①]

新宅乡的有个村叫沿溪村，20世纪70年代初，村里的党员干部就带领全村人开始修路。由于四面环山，修路得打一个300多米的隧道。为了这个隧道，沿溪村整整花了24个春秋，其间经历了6位支部书记、8任村干部，光蜡烛就点掉了10万多支。洞是村里人用土办法打的，从两头打，但打到

---

① 资料来源：笔者实地调研。

中间，却发现落差相差 13 米。后来，在金华市邮电局的全力帮助下才通了车。高山深山村，如果光靠村里的力量，要实现"六通"①，谈何容易！

（六）发展经济难

恶劣的自然条件和极度贫乏的资源是制约偏远山区农村经济发展的主要原因。武义县俞源乡九龙山村是当地有名的贫困村，在没有下山脱贫搬迁前，坐落在海拔 1041 米的高山上，村里仅有的能发展农业的资源是很少的一点被当地人称为"灯笼田"的山垅田，其他全是岩石和毛柴（见图4-3）。所谓"灯笼田"是指为了在耕作季节与大自然抢时间，利用傍晚下雨的时候，村民经常把灯笼挂在牛角上照明，连夜耕田的场景。因为高山上的田地储水性能很差，如果不利用下雨时机连夜及时耕作，第二天可能田里的水就

图4-3 武义县俞源乡九龙山村（金中梁 摄）

---

① 六通：通路、通电、通水、通广播电视、通电话、通网络。

流走了，从而很可能就会错过最佳耕种时间，水稻就无法种植。由于受恶劣的地理环境限制，即使政府每年给予粮款救济，老百姓也辛勤劳作，但年底仍然无法获得必需的生活物资，生活改观不大。对此当地百姓流传着一句俚语："今年盼明年好，明年依旧破棉袄"，这是对村民生存状态的无奈表达。俞源乡九龙山村在1995年（下山脱贫移民前）曾经有过一次村况统计，结果显示该村连续8年未曾建造一间泥木结构的房子，连续7年没有娶进新媳妇，连续6年未曾有小孩出生，连续5年没人从高中毕业，人均纯收入仅有380元人民币，人均口粮仅有212公斤，10年间全村人口下降了9%。

（七）精神富足难

居住在高山、深山的群众不仅生产生活条件差，精神生活也十分贫瘠。2001年左右，时任安徽省委副书记的乔传秀到下山脱贫的金桥村（原坦洪乡软朝村）与村民座谈时，问道村民在山上的时候没电灯没电视，歇工后干些什么事？村民说，我们就坐在门口看看天空、数数星星。

贫困山区特别是高深山区农民存在"七大难"，不仅仅在武义县有，在浙江省的欠发达地区特别是西南部地区也还比较普遍。这些居住在高山、深山的贫困农民，贫困和困难的根源往往在于恶劣的环境。由于生存环境的恶劣，传统的就地扶贫方式，难以从根本上改变贫困面貌。

二、下山脱贫对武义乡村振兴的现实作用

下山脱贫的实质是通过易地搬迁来实现脱贫目标。异地下山脱贫对居住在高山、深山的贫困村、贫困户来说，有五大好处。

（一）有利于从根本上消除贫困

"治穷要治根"，在高山、深山居住的贫困农民，贫困的根源主要在于恶

劣的环境制约。生产生活环境得不到改善，贫困的状况就得不到根本改变。

面对穷山恶水的现实，过去也搞过"输血式""救济式"扶贫，但那样的扶贫，不仅成本仍然很高，而且很难达到令人满意的效果，有的甚至适得其反。西联乡的饭甑村，地处海拔890多米的高山上，政府补助扶持十几万元资金，全村整整苦干了8个年头，劈山修筑了一条5千米长的盘山机耕路，可是当手扶拖拉机载着货物驶上盘山机耕路的陡坡时，拖拉机却只能冒烟，不能前行半步，辛辛苦苦奋斗8年修建的机耕路到头来只能是一条人行道。俞源乡阳铺坪村，原坐落在海拔998米的高山上，与外面的联系只有一条2小时路程的羊肠小道。村里人这样来形容路难走：上坡时，麦饼放在膝盖上不用手，张嘴就能吃到。这里的老百姓也的确苦，1992年前国家每年给村里1.25万公斤返销粮，但还是不够吃，于是青黄不接时，村干部就组织借粮组，分头到邻村邻乡借，有时甚至借到15千米以外的村庄。"要想富，先修路"，为了让大家过上好日子，阳铺坪人首先想到的也是修路。村里从1991年春天开始修路，经过8年的艰苦努力，每人投工投资3100元，做通了一条6.3千米的机耕路。但由于山高路陡，经常塌方，塌了修，修了塌，折腾得村里为这条路伤透脑筋。由于山上资源匮乏，离路修好了并没有改变阳铺坪人落后的现状，到1998年，该村的农民人均收入仍只有全县的1/3。最后这个村还是选择了下山脱贫[①]。

这两个村，他们脱贫致富的愿望很强，苦干实干的精神也很足，但他们脱贫致富的路子并没有找对，结果是事倍功半。如何才能彻底地改变高山、深山群众贫困落后的面貌？老百姓在思索，县委、县政府也在思索，经过认真分析研究，大家一致感到：要让居住在高山、深山的农民走搬迁下山，异地开发的新路子。

就地扶贫是为了脱贫致富，易地搬迁也是为了脱贫致富。但就地扶贫往往是解决了这个"难"，还留着那个"难"，而易地搬迁到土地肥、交通便、设施全、信息灵的平原地区，是"从糠箩跳到了米仓"，"出门行路难、儿童上学难、青年娶亲难、有病求医难、实现六通难、发展经济难、精神富足难"等祖祖辈辈不能解决的难题基本上可以在几年内得以解决，从而彻底

[①] 资料来源：笔者实地调研。

地拔除穷根。可谓是"山上五百年，山下三五年"。俞源乡九龙山村，在社会各界的大力扶持下搬下了山，不仅家家户户造起了砖混结构的新洋房，通了电，用上了自来水，全村还浇筑了宽阔平整的水泥路面，开通了有线电视和电话。原来一个七难八难的山头贫困村，几年间变成了这好那好的五通村。下山两年时间，九龙新村的光棍也大都找到了对象，组建了家庭。村里人都说，这样的好事，以前做梦也没有想到过。王宅镇紫溪村，原来居住在海拔917米的高山上，全村没有一幢砖瓦结构的楼房，村民开门见山，出门爬岭，一切生产生活资料都得靠肩挑背驮。1994年，全村集体搬迁下山后，村民们有的买车跑运输，有的利用当地毛竹资源办加工厂，有的发展经济特产，有的到邻村承包茶园办茶厂，全村一半人口外出打工，三年时间村里家家户户盖了新楼房。当年15个没有找到对象的大龄青年，下山没几年，个个结了婚。下山搬迁群众用类似这样的对联来赞美下山脱贫工作："蜗居高山五百年，天翻地覆大变迁"，"爹亲娘亲党和政府更亲，千好万好下山脱贫最好"，这也是老百姓对彻底拔除穷根后，欢乐与激动之情的充分表达。

（二）有利于实现山区农村从自然经济向市场经济跨越

俗话说，"树挪死，人移活"，通过移民促进发展，这在古往今来有很多例子，我们权且称之为"移民效应"。我国古代盘庚迁都，从而建立了强盛的殷商王朝；东晋、南宋等朝代的人口大南迁，孕育出了一个繁荣的江南。当今的美国，它的历史也可以说是一部移民史，如果没欧亚非等大陆的移民，没有世界各地的优秀人才的流入，美国就不可能有今日的繁荣。我国的上海、深圳，上海原是个小县城，深圳原来是个小渔村，它们的发展，在很大程度上也是靠大量的移民来推动其经济发展的。移民，可以激活经济和社会的发展。

在下山脱贫搬迁前，居住在高山上的百姓的主要生产工具是锄头和扁担，这种落后的生产工具养成了他们靠山吃山的主要生产方式，他们在田地上劳作，在饭桌上休息，他们节衣缩食、量入为出，他们习惯于听天由命和知足常乐。所有这些传统的思想观念不仅是制约当地农民脱贫致富的重要因素，而且还影响到当地经济、社会的转变。搬迁下山后，改善了当地的经济发展条件，居住地更贴近集镇，信息获取和传递更为便捷；居住地靠近工厂，就有更多的工作机会，更多的赚钱途径，致富的门路也就更宽了。

压力产生动力，实践证明，大多数下山村群众凭借山里人吃苦耐劳、坚韧不拔的性格，能很快地在市场经济的环境中找寻到了致富的门路，在较短的时间里赶上并超过当地的村庄。地处海拔 800 米深山的软朝村，全村 68 户 232 人，1997 年下山搬迁到履坦镇后改名金桥村。下山后，村民发展经济的积极性得到了很大程度的释放，下山当年就夺取了粮食大丰收，全村粮食总产量达 20.4 万公斤，相当于在山里时 5 年总产的总和，一个大户种的粮食就相当山上全村一年种的粮食。现在的金桥村就在金武快速路边上，可以说完全上了城里人的生活。俞源乡的尖坑村，全村 40 户，130 人口，原来住在距现在搬迁新村 2.5 千米外的山头上，农田在山脚，一年中谷往山里挑，肥往山下运，自行车不能骑，生产、生活两不便，经济条件很差[①]。自全村集体搬迁到公路沿线后，由于搬迁后信息灵，就业机会多了，村里有许多妇女到乡办企业做工或到茶场做工，许多农户还办起了小工厂，当上了小老板（见图 4-4）。这在以前是想都想不到的事情。

图 4-4 下山移民村妇女进小厂工作（金中梁 摄）

① 资料来源：笔者实地调研。

（三）有利于推进城镇化进程

县城、工业园区、中心城镇建设需要吸纳大量人口、资金、资源，下山脱贫则是向外输出大量人口、资金、资源。在自愿原则的基础上，下山脱贫在政府组织下进行农民人口迁移，这种迁移不仅是有组织、有步骤、有规划的，还是定向、定量、有序的流动。通过集中、统一的下山迁移，人口、资金、资源迅速集聚，加快了当地的城建步伐，推动了当地第三产业和个体私营经济的发展。1994年，西联乡马口村在接纳下山脱贫村之前只有830人，通过接纳7个村的易地搬迁农户，人口增至3613人。人口的剧增带来了巨大的经济投入，该村共迁入600多户下山脱贫户，我们以当年每户建造住宅、购买口粮田和自留地等平均消费5万元计算，那么下山农民向该村投入的资金就达3000万元以上。人口和资金的集聚，加快了接纳下山脱贫村的村镇规模扩大。现在的马口村，村庄面积已经是下山迁移前的5倍，之前全村仅有1家副食品店和1家锯板厂，下山村集聚后已形成了一定规模的商业街，成为武义南部一个繁荣的新兴集镇。1996年，新宅村每次集市人口不超过5000人，高山、深山群众大量搬迁到该村后，集市贸易逐渐繁荣起来，每次集市人口约有2万人，进市交易额增长了5倍以上。[①]

（四）有利于基础设施共享

基础设施具有共享性，同一个基础设施，利用的人员越多，其相对成本就越低。下山脱贫的群众向中心村中心镇迁移，大大提高了中心村中心镇原有的水、电、路、邮、广播、电视等基础设施的利用率，即使需要扩建的基础设施，也可以相对降低人均投入的成本，避免各村因重复建设造成浪费。如新宅乡沿溪村，这个村总共有1400多人，如果该村单独修建个自来水设施，当时需投资100多万元，人均需担负费用700多元。而如果搬迁到乡政

[①] 武义县发改局. 武义牛头山：守住青山变金山　绿色脱贫大变样 [EB/OL]. (2018 - 09 - 25) [2022 - 01 - 10]. https://fzggw.zj.gov.cn/art/2018/9/25/art_159946_30391437.html.

府所在地新宅村，利用该村原有的水利设施，只要投资 60 万即可满足 5000 人的用水，人均只需负担 120 元，在这项工程中，沿溪村人只要出 16.8 万元，仅此一项，沿溪村就可节省费用 83.2 万元。因此，下山脱贫合算，还是就地开发合算，要算大账，算长远的账。高山、深山的贫困村，由于山高路远，就地改造基础设施，从大账算，远不如搬迁到中心集镇共享基础设施来得经济、实惠。再如地处海拔 700 多米高山上的新宅乡库坑村，仅修一条简易机耕路当时至少需投资 200 多万元，而整个村庄搬迁到基础设施比较齐全的新宅村，所需资金也不到 100 万元[①]。

（五）有利于保护山区生态

进入 21 世纪，生态环境越来越被人们所重视。在环境保护问题上，我们的许多发达地区走的是"先污染、后治理"的弯路。经济发展了，蓝天变灰了，河水变黑了，森林不见了。我们欠发达地区一个很重要的优势，就是我们的许多地方还保留着明净的天空、清澈的溪流和茂密的森林，生态是我们最为宝贵的资源。俗话说，"风水轮流转""三十年河东，三十年河西"。落后地区能不能翻回"老本"，能不能真正地缩小与发达地区的距离，甚至赶超发达地区，一个很重要的问题是我们能不能保护和利用好生态优势。下山脱贫的一个"副产品"就是，对山区生态环境的保护有利。

武义县委、县政府根据区域自然条件和经济发展现状的差异，把全县的产业发展布局大致分成三大区域：东北部地区机声隆隆，发展的重点是工业；中部地区车水马龙，发展的重点是旅游业和效益农业；西南部地区满目葱茏，做好生态环境保护，重点发展生态旅游业和生态农业。武义县大部分贫困人口集中在西南部山区，这些地区能保持青山绿水，下山脱贫做出了重要贡献。

下山搬迁前，山区群众主要靠山吃山，经济来源是砍伐林木卖木材，用老百姓的话来说是"砍砍木头，烧烧炭"。大部分高山、石山坡度陡、土层薄，育林困难，自然恢复更为缓慢，于是越穷越砍、越砍越穷。许多山区贫

---

① 资料来源：笔者实地调研。

困村村里没钱，首先想到的就是向山林要钱。为了通路、通电、通广播电视，常常把砍伐林木作为筹资的主要方式。其结果是"修了一条路，荒了一片山，穷了一个村"。公路虽然通了，方便了运输，但山却光秃秃了，有的地方还因此引发了自然灾害，如塌方、泥石流等。2000年，武义县西联乡石柱源村就曾因强对流天气引发泥石流，导致全村大部分房屋被埋，还造成两人死亡。下山脱贫使高山深山人口大幅度减少，从而有效缓解了人口对环境资源形成的压力，从源头上杜绝了乱砍滥伐等行为发生，保护了山区生态。高山、深山群众下山迁移后，积极实施退耕还林，引导群众回老村发展经济林，兴建起"绿色银行"。据统计，武义县森林覆盖率不断提高，已从1994年的68%提高到现在的74%，生态环境日益变好，下山脱贫可以说是功不可没①。

三、武义下山脱贫的主要举措

（一）下山脱贫工作缘起

下山脱贫的实质是通过易地搬迁实现脱贫目标。武义县下山脱贫工程的起步离不开一个重要的人物——董春法。"时势造英雄"，武义县乡村发展面临的现实困境，急需呼唤一个一定会在武义发展史上留下浓墨重彩的为人民服务的好干部。机缘巧合，1993年7月，年过五旬的董春法同志调任武义县扶贫办主任。董春法之前当过武义国土局局长、建设局局长，后到扶贫办工作，大家都以为他"退二线"了。但让谁都没想到的是，董春法同志在这个位子上，改变了数万高山深山村民的人生，将武义下山脱贫工作打造成了一张响当当的金名片。董春法同志上任后，他做的第一件事就是翻山越

---

① 蒋文龙，李增炜，朱海洋. 浙江武义："下山脱贫"再升级 [EB/OL]. （2021-02-22）[2022-01-10]. http://www.farmer.com.cn/2021/02/22/wap_99865753.html.

岭深入武义县南部贫困山区走访调研，一个山头一个山头地跑，一户人家一户人家地问。根据3个多月走访所掌握的情况，董春法认为"修一条路不如搬一个村"，花巨资改变山区恶劣的环境，还不如搬一个村划算，更何况花巨资并不能真正或完全改变这种环境。在深入调查研究掌握第一手资料的基础上，他及时向武义县委、县政府提出了"下山脱贫拔穷根，异地致富奔小康"的对策建议。这一建议县委、县政府高度重视，经过进一步的调研和讨论，武义县开始了轰轰烈烈的下山脱贫实践。

（二）下山脱贫工作做法

在不断地下山脱贫实践和探索过程中，武义县逐渐形成了易地搬迁的五个环节工作法，也称"五个搬"工作法。

1. 搞好调研决策和总体规划，使山民"有序搬"

早在1993年，武义县通过深入调研确定了"搬迁下山、异地开发"扶贫道路。思路确定后，武义县就立即着手三项工作：一是成立下山脱贫工作领导小组。具体负责下山脱贫工作的调查摸底、计划制订、搬迁审批、横向协调、政策处理等。二是认真搞好试点。由县扶贫办牵头，先在柳城、西联、王宅两镇一乡进行下山脱贫工作试点。由于各方思想统一，协调一致，下山脱贫试点工作得以顺利完成，并迅速在全县推广。三是制定下山脱贫总体规划。从武义的实际出发，根据县里的财力，详细制定了分两步实施下山脱贫的总体规划。即第一步，即1993～2000年（8年），实现30个行政村、210个自然村9600户3万人口下山脱贫[①]。第二步，从2001年开始到2010年底，把全县其他最贫困、条件最差的70个自然村3000多户1万人口分步搬迁下山。第二步其实在2005年已基本完成，之后扩面到武义南部山区的其他村。随后，武义又推出了下山脱贫升级版，就是通过实施"小县大城"战略，鼓励农民进城安家落户，居住地、身份、职业直接转化，一步到位变

---

① 潘弘毅，李滢洛. 浙江武义景阳村：三十年脱贫路，薪火相传两代人[N]. 农民日报，2021-05-22.

市民。武义县计划用5年时间，实施89个自然村、6000多户、1.6万人口的集聚搬迁。截至2020年底，已有40个自然村、1544户、4166人口达成整村搬迁意向，5个自然村已完成搬迁和拆除①。

2. 做好宣传发动和政策引导，使山民"主动搬"

高山、深山群众吃尽了山高路远、生存环境恶劣的苦头，单从愿望来说，大多数群众是希望搬迁到山下平原地区的。坐落在高山上的俞源乡阳铺坪村，山上没有半分田，村里也没有一块比篮球场大的平地，因此阳铺坪人世代渴望的是能拥有肥沃的田园，向往的是能走上平坦的大道。这一点，从阳铺人取名上也可以看出来。中华人民共和国成立前，有户人家给晚辈的几个儿子起名，第一个儿子叫"开田"，第二个儿子叫"记田"，第三个儿子叫"管田"，第四个儿子叫"俊田"，第五个儿子叫"有田"，第六个儿子叫"六田"。土改后，村里从山脚分到一点儿田，有了田，大家又向往起平原生活来，村里于是多了带"平"字的名字，这个只有百来个人口的小村庄，就有"建平""勇平""岳平""关平""国平""献平"等。

愿望归愿望，然而真的要下山搬迁，一开始还真有些顾虑。下山移民搬迁，说起来容易，做起来难，这项工作直接面临三大难题：一是破除恋土情结。老年人普遍有故土情结，真让他们下山移民，他们在内心里放不下几代人置办下来的老屋家产。二是害怕吃苦太多。担心下山后，到了新的生活环境，需要重新买田买地、建房还债，怕以后的生活更加困难。三是部分村民总觉得"下山脱贫是好事，就是国家补助太少了"。正是这三个方面问题的存在，阻碍了下山移民政策实施之初的工作效率——观望者多，积极行动者少，工作推进面临困境。因此，深入开展宣传发动，打消群众顾虑，是每个村下山搬迁前的重要工作。这项工作做不好，下山脱贫计划制订得再详细也没用。虽然说下山脱贫是一项益民的"民心"工程，但一开始老百姓并不理解，"心头"存有"疙瘩"，所以各级领导干部都把动员工作做到群众心里去，想方设法解开他们的疙瘩。因此，武义县在实施下山迁移工作中，始

---

① 朱跃军，李增炜. 武义："四张报表"驱动协调跨越发展［N］. 武义报，2021-03-16（03）.

终坚持一条基本原则,那就是要充分尊重群众意愿。保证每一个搬迁的群众必须真正做到自觉自愿,只有思想通、愿望强的群众才能优先搬迁;思想工作还未做通,愿望不强烈的群众,决不勉为其难。笔者当时在武义工作时,所有下山脱贫村,不管山有多高,路有多远,在村民同意下山搬迁前,笔者都会亲自下到村里,做好群众的思想工作,不断给他们打气、鼓劲,逐一解决他们面临的各种困难(见图4-5)。扶贫办的同志和所在乡镇的同志,做群众工作更加深入、细致,有的村他们要跑上几十次。像扶贫办的老主任董春法同志,不管哪一个下山村的群众,都能叫出他的名字。

图4-5 干部进村做下山动员工作(金中梁 摄)

除了从思想上扫清下山障碍外,还从政策上积极鼓励高山、深山农民下山搬迁。1994年,武义颁布了浙江省范围内第一个专门引导和鼓励下山脱贫的县长令——《武义县高山、深山农民迁移试行办法》,随后又陆续出台了《武义县高山、深山农民下山脱贫办法》《武义县下山脱贫若干问题处理意见》《武义县下山脱贫有关问题补充处理意见》等政策。其中最重要的鼓励性政策有三条:第一条,下山脱贫户可以继续保留原耕地、山林承包使用权。整村下山迁移的行政村,其原有的耕地、山林所有权、使用权,可以随户口转移至接受乡镇。第二条,实行税费优惠。原有计税土地退耕还林的,调减其农业税、农特税。下山脱贫农户建房用地，可减免耕地占用税及各种地方性规费。第三条，落实下山农民相关待遇。下山农户在子女入托、入学和预防保健、看病等方面享受当地村民、居民同等待遇。下山农户子女要求在接受乡镇上学的，给予支持和接纳，并免交借读费。

3. 加强思想工作和组织协调，使接纳村"欢迎搬"

武义县下山脱贫工作能做到应搬尽搬，基本上所有偏远落后山区村庄都搬下山，这与接收村群众的大力支持是分不开的。众所周知，从全面、长远看，对于接纳下山移民的村镇而言，偏远高山、深山群众搬迁进村是有益的，但从局部、眼前利益看，对接纳村的直接益处并不直接，甚至还有许多"麻烦事"发生，诸如对土地的重新调整，基础设施不足需要扩建重新，增大就业安置和内部竞争压力等。因此，做好这项工作需要接纳村具有一定的牺牲精神。

讲到干部做下山村和接纳村群众思想工作的"难"，一位下山脱贫村的女党支部书记叶仙球同志的感人事迹具有典型的代表性。

叶仙球原是城郊履坦镇人，由于家里定了娃娃亲，1967年，年仅18岁的叶仙球被嫁到白姆乡茶丰村。茶丰村坐落在人称"八县尖"的高山上。为什么叫"八县尖"呢，意思是站在山顶可以看到周围八个县市景物，可见这山是多么高！从山外来的叶仙球也算见过世面的人，曾多次建议修机耕路或把村庄往山下搬，但这些建议均未被村里采纳。

1994年，叶仙球当选为茶丰村村党支部书记。1996年，叶仙球在县城摆了早点摊。有一天在顾客的谈话中，听说了县扶贫办专门帮助高山、深山农民下山脱贫的消息，她马上以到她摊位吃一个月早点不收钱的许诺，央求一位经常来她摊位吃早点的大学实习生，帮她写一份要求下山脱贫的报告。第二天，一份题为《关于白姆乡茶丰村要求下山脱贫的报告》送到了县扶贫办。为了落实好下山迁移工作，她一次次到县扶贫办联络，跑到丁前村实地察看。在与丁前村干部谈好基本条件后，她又回到村里与群众商讨，带领村民代表到实地察看。这期间，尽管她做早点的摊位费已交，但早点摊根本顾不上了，为此她个人损失达8000多元。为了争取丁前村村民的支持，叶仙球与其他几个村干部像化缘一样到每户农户家请求盖章支持，最终争取到

83%的村民支持。1998年3月，茶丰村终于与丁前村签订了土地受让和出让协议，并交付了首期定金。

但好事多磨，由于丁前村有少数村民反对，下山的进程起了波折。签订协议三个月后，当茶丰村雇用的推土机开进丁前村，准备在丁前村出让地块的河滩上推土平基时，少数丁前村村民挡住了推土机，要求取消原定协议。为了不错过这次彻底改变茶丰村命运的机会，叶仙球和村干部们又急急忙忙赶往各部门，寻求解决问题的途径。这边推土机不能进场，山上村里也出现了变化。村里原来几户不愿搬下山的村民拉拢了一些原已交了定金的农户要求退回定金。叶仙球和其他干部遭受了巨大的精神压力。

正在这时，叶仙球家里又发生了变故，她儿子和儿媳妇产生矛盾闹离婚，儿媳回到湖南娘家，对方亲家提出只要她去接就回来。这时，她70岁的婆婆又突然中风，半身不遂，需要有人照料。在这一连串的不幸面前，叶仙球强忍着眼泪，儿媳妇那边托人写信劝说，婆婆这里请了保姆照料，自己抽开身重新投入下山脱贫工作。由于好长时间不能回山上照料病中的婆婆，亲戚赶上门来责骂她"不孝"；儿媳也与她儿子离了婚。

精诚所至，金石为开。叶仙球的努力最终感动了丁前村村民，在上级部门的积极协调下，1998年9月，丁前村村民进行表决，结果以61:60的一票优势，同意协议有效，让推土机进场作业。一个下山脱贫新村才终于开始建设。

要转变老百姓的观念的确很难，但不管怎么说，只要我们工作做细、做实，我们的群众思想觉悟普遍还是比较高的。大多数接纳村的群众不仅乐意接受下山村，而且还纷纷伸出友谊之手，主动为下山村提供种种无偿的帮助：有的把自己的房子腾出来让对方先住，有的柴火挑来让他们烧，灶头让他们用，有的菜地先划出一部分让他们种，各种农具借给他们使，等等。充分体现了社会主义大家庭的兄弟情谊。

值得一提的是，下山脱贫中，武义县有这么多的村庄能自愿结对，还有一个重要原因是，武义县平原地区农民人均拥有的耕地仍比较多，一些乡镇人均拥有耕地在一亩以上。对他们来说，每户拿出几分田，对自身的生产和生活影响并不大。

为了既确保接纳村欢迎下山村搬进来，又确保下山搬迁有条不紊地进行，武义县制定了以下操作程序：下山村，第一步由农户向村委会提出下山脱贫的书面申请；第二步由村委会向乡镇政府提出书面申请；第三步由乡镇政府向县政府提出书面申请；第四步由县扶贫办做好核实、协调工作，下山村与接纳村签订好土地使用权转让等协议书。接纳村，第一步先做好村党支部和村委会主要领导及"两委"人员的工作；第二步与村干部一道做好群众工作；第三步调整土地，先把每个农户的口粮田、责任田收回来，以便抽出连片的土地安排给接纳进来的村，然后本村村民的土地按减少以后的标准重新分配。

同时，要求做到：第一，凡有接纳任务的乡镇都要建立下山脱贫工作领导小组，由乡镇主要领导担任组长，从组织上加以落实。第二，由县扶贫办出面，组织拟接纳乡、村主要领导和群众代表到山区贫困村参观，使他们切身体会深山、高山区农民的艰难。第三，县联系乡镇、部门领导主动与结对搬迁乡镇领导下村做思想工作，反复召开干部会和村民会，挨家挨户地进行群众的思想动员，从而使许多高山、深山农民通过村村结对实现了异地下山脱贫。

4. 坚持自力更生和适当补助，使山民"搬得起"

俗话说："上屋搬下屋，吃掉一担谷。"想搬迁的村，都是穷得叮当响的村，怎样让这批人搬迁得起，是这项扶贫工程得以实施的关键。

为了确保搬得起，武义采取了多管齐下，多方争取，多方支援，努力减轻高山、深山群众负担的政策。当时制定的政策是这样的：一是土地优惠。一般耕地转让费用每亩3000~5000元，下山村农民一般人均5分田，户均0.3~0.5亩宅基地（包括道路等各项基础设施建设用地），土地支出户均一般在6000~8000元。二是政策倾斜。政府各有关部门，都制订了支持下山脱贫计划，提高办事效率，优化服务，降低收费标准，减轻农民负担。供电部门在用电增容上给予优惠政策；土地管理部门优先安排用地指标，减免审批费用；林业、供水、地矿等部门无偿提供有关技术业务服务；财政、扶贫部门优先安排扶贫资金；规划部门及时为搬迁村进行新村规划；民政、广电、邮电、交通等部门及时为搬迁村做好更改村名、安装广播、有线电视及通邮、通信、通路等工作。三是多方筹措资金，积极争取扶贫结对单位的援助。通过多方的支持、配合，把下山搬迁所需的成本降到了最低，使大部分高山、深山群众梦想成真。

5. 从搬迁布局和帮扶就业创业上做文章，使山民"搬得好"

下山搬迁不但事关下山农民切身利益，也事关县域经济全局发展，如何使山民"搬得好、稳得住、富得起"，也是下山脱贫必须解决的一大问题。

根据方便生产、有利发展的原则，在下山脱贫伊始，武义县就确定了"山顶向山脚，自然村向行政中心村，向沿路、沿集镇搬迁"的原则。随着工业发展和城市化建设进程的加快，逐步把下山脱贫与工业园区建设、城镇建设相结合，同时引导下山脱贫人口向桐琴、泉溪等工业园区集中的地区迁移，这样一方面可以缓解工业园区对劳动力的需求，另一方面也解决了下山人口今后的生活出路问题。桐琴镇上夫山村和泉溪镇董源坑村迁移到桐琴东干村后，明山乡茶曹村、宣武乡炳坑村迁移到泉溪镇张宅村后，几乎所有的劳动力要么自己创业、要么在企业里打工。柳城、西联、桃溪、新宅四个下山脱贫新区人口集聚后，提高了资源的共享性，节约了公共设施投资，加快了中心城镇建设进程。武义还通过在城郊和建制镇建立下山脱贫示范村（思源小区）的形式，适应下山脱贫对象多层次化的新情况和城市化的需要，由全县符合下山条件的山区群众自愿报名，审核后集中安置到城郊安置小区。

武义县想方设法从各个方面努力帮助下山农民寻找发展路径，通过多种途径实现致富目标。一是盘活原山区闲置资源。农民下山后，由于路途遥远，原山区的土地、山林等资源往往处于闲置状态，如何利用、开发这些资源是下山脱贫过程中应予重视的问题。对此，主要采取两种方式解决：一种是动员和引导下山村（户）与原地邻村（户）协商签订协议，实现有偿使用或转让，从而达到山区农民通过就地开发、有效保护和利用资源，下迁户通过土地、山林权益流转获取资金用于下山开发的双赢目的。另一种是通过返租倒包、租赁等形式实现土地流转，发挥土地效益。例如，针对原西联乡牛头山田坪等山村所在区域，武义县委、县政府于2006年在完成其整体搬迁下山后，及时启动牛头山旅游开发工程。该工程由武义县旅游投资开发公司通过整体承包方式进行运作，该公司承包了1333.33公顷山林，建立了牛头山国家森林公园，并利用原有村民遗留下来的民居发展旅游业，取得了较好的成效。牛头山国家森林公园现在已成为国家4A级景区，目前正全力建成5A级景区。依托牛头山旅游景区的带动，不仅当地优质农产品有了较好的销路，还为导游、工匠、保安等提供了大量需求，进一步有效地带动了山民的就业和增收致富。武义县西联乡全乡16个省定经济薄弱村整合640万元帮扶资金，共同参与牛头山景区建设，每年获得不少于投资额10%的分红，2019年实现整乡"消薄"。再如俞源乡九龙村在完成下山搬迁后，走出了另一条致富路。该村把原址复垦后的土地连同原来的山林田地，打包承包给武义县九龙山茶业公司，发展高山茶叶产业，该公司生产的高山茶叶质量优异，市场接受度高，深受消费者欢迎，村集体并不参与经营，茶叶公司每年向村里上交数万元租金收益。二是通过培训引导就业创业。为了培养下山村民的自我发展能力，武义县财政每年拿出300多万元专项资金，专门用于培训农村劳动力，提高他们的就业技能。利用这些专项资金，武义县先后开展了名茶制作、香菇种养、果树栽培、高山蔬菜、药材种植、数控车工、钳工、烹调、家政服务、电子商务等各项农村实用技术技能培训。所有的培训项目全部由政府买单，免费向农民开放，特别是对下山移民优先倾斜，下山移民不仅享有优先报名权限，还可以优先挑选培训工种，这项工作每年为培训后的下山农民就近联系到相应工厂务工达1万人次以上。同时，通过内外并举拓宽就业渠道，引导下山农民发展来料加工业等就地型经济和发展"超市经济"等输出型经济，提高下山农民增收致富的能力。截至2020年底，武义山区农民在全国各地开办了7000多家超市，这些武义山民开办的超市年销售收入达到了350亿元人民币。超市经济是武义农民脱贫致富的一条有效途径，这一致富门路为武义县转移了2万余人的农村剩余劳力。三是通过各种方式的结对帮扶实现武义农民的脱贫目标。其中最典型的结对帮扶方式是建立"一户一策一干部"的帮扶机制，这一机制由农村"两富"指导员、乡镇干部和村干部等与低收入农户开展结对帮扶。另外，还有建立经济强镇与欠发达乡镇结对帮扶机制，有效推进全县低收入农户奔小康工程的实施。再如建立"一村一企"的结对帮扶机制，这一机制到2021年已经启动了三轮"百企联百村、共建新农村"活动，县委、县政府积极鼓励规上企业与集体经济薄弱村进行结对帮扶。还建立了金融扶贫机制，实行小额农贷及贴息扶持，下山农户可通过县农商银行申请由县财政贴息60%的发展生产小额担保贷款。

四、武义下山脱贫的成就与启示

（一）主要成就

贫困是人类社会共同面临的问题顽疾。1986年，我国确定331个国家级贫困县；1994年，启动《国家八七扶贫攻坚计划》；2001年，出台《中国农村扶贫开发纲要（2001—2010年）》；2011年，实施《中国农村扶贫开发纲要（2011—2020年）》，聚焦贫困地区，大力实施精准扶贫、精准脱贫，取得了举世瞩目的伟大成就，造就了人间奇迹。按照中国现行家庭年人均可支配收入2300元人民币贫困标准计算，我国已有7.7亿农村贫困人口摆脱了绝对贫困状态；如果按照世界银行提出的国际贫困标准测算，中国减贫人口已经占同期全球减贫总人口的70%以上。在全球贫困问题严峻、某些国家贫富分化不断加剧的大背景下，中国已经提前10年完成了《联合国2030年可持续发展议程》中提出的减贫目标。世界银行在2018年发布的《中国系统性国别诊断》报告中指出，"中国在快速经济增长和减少贫困方面取得了'史无前例的成就'"。联合国秘书长古特雷斯在"2017减贫与发展高层论坛"上所发的贺信里面曾盛赞中国减贫方略的伟大意义，宣称中国的"精准减贫方略是帮助最贫困人口、实现2030年可持续发展议程宏伟目标的唯一途径。中国已实现数亿人脱贫，中国的经验可以为其他发展中国家提供有益借鉴"。习近平总书记在2021年2月25日召开的全国脱贫攻坚总结表彰大会上庄严宣布，中国脱贫攻坚战已经取得了全面胜利，9899万农村贫困人口已经完成全部脱贫，共有832个贫困县实现全部摘帽，12.8万个贫困村已经全部从贫困名单中出列[①]。

《中共中央 国务院关于打赢脱贫攻坚战的决定》中明确提出了"六个精准"要求和"五个一批"实施路径建议。"六个精准"即扶贫对象精准、项目安排精准、资金使用精准、措施到户精准、因村派人精准、脱贫成效精准。"五个一批"即发展生产脱贫一批、易地扶贫搬迁脱贫一批、生态补偿脱贫一批、发展教育脱贫一批、社会保障兜底一批。其中"五个一批"建议中的易地扶贫搬迁脱贫一批，就是源自武义县下山脱贫模式的精准提炼。武义县"下山脱贫"的扶贫工作新思路是武义县委、县政府在1993年下半年通过对以往扶贫工作的经验总结，再结合深入开展调查研究的基础上形成的扶贫工作新思路。这一新的扶贫工作思路于1994年以文件形式（《武义县高山深山农民居住迁移试行办法》）下发，成为后来武义县开展扶贫工作的指导性文件。

下山脱贫在武义实施了28年，取得了辉煌的成果，共有425个自然村、1.7万多户、5万多人搬迁下山[②]。搬迁下山的人口占第七次人口普查前全县人口的1/7。2000年，浙江省委书记到武义考察时给予了充分肯定，他说："武义县委、县政府在工作实践中，坚持全心全意为人民服务的宗旨，从本地实际出发，创造了下山易地脱贫这样一条成功扶贫经验，实践充分证明，扶贫效果非常好，无论怎么样赞美都不过分。"武义下山脱贫作为成功范例，于2002年被纳入《可持续发展之路——中国10年》画册，作为当年在南非召开的世界可持续发展首脑会议——"地球峰会"上的交流材料。随后，肯尼亚省长代表团在2003年4月考察了武义县的下山脱贫工作，他们对武义县的脱贫攻坚战略安排表现出了极大的兴趣。在考察期间，肯尼亚中央省省长拉布鲁说："今天我们亲眼看到了武义下山脱贫农民下山后所发生的翻天覆地的变化，肯尼亚与武义南部山区十分相似，武义经验值得借鉴。[③]"2004年5月在上海召开的全球扶贫大会上，武义下山脱贫工作作为

[①] 习近平. 在全国脱贫攻坚总结表彰大会上的讲话［N/OL］. 新华日报，2021-02-25 ［2022-01-10］. http：//www.xinhuanet.com/world/2022-03/03/c_1211049315.htm.

[②] 李增炜，朱跃军. 脱贫攻坚的"武义样本"［EB/OL］.（2020-03-25）［2022-01-10］. http：//wynews.zjol.com.cn/wynews/system/2020/03/27/032364032.shtml.

[③] 徐杰舜，黄兰红. 适应后的幸福［N/OL］.（2008-11-10）［2022-01-10］. http：//m2.zjol.com.cn/msite/details.html？newsid=010745369.

典型案例在大会上作了详尽的书面介绍,大会建议武义下山脱贫所取得的经验可以向全世界介绍推广。2003 年,时任浙江省委书记的习近平同志在考察武义扶贫工作后曾说过:"武义下山脱贫工程是一项德政工程、民心工程。武义下山脱贫成效显著,经验十分宝贵,值得总结和推广,要善始善终继续抓好。[①]"国家发展改革委、扶贫办公室、中华人民共和国财政部、国土资源部、中国人民银行 5 部门于 2015 年 12 月联合印发了《"十三五"时期易地扶贫搬迁工作方案》(以下简称《方案》)。《方案》明确提出将用 5 年时间对本地资源无法承担当地村民生存需求的建档立卡贫困人口全部实施易地扶贫搬迁,尽力争取在"十三五"期间完成 1000 万贫困人口搬迁任务,并进一步帮助易地搬迁人口与全国人民一起同步进入全面小康社会。《方案》中还特别提出要"做到搬得出、稳得住、有事做、能致富"的要求,这一要求与武义县的下山脱贫"搬得下、稳得住、富得起"的要求在本质上如出一辙。

可以说,武义县的下山脱贫工作经验,从一县推广到全国,走向了世界,是人类历史实施精准扶贫的成功案例。

(二) 几点启示

从武义县下山脱贫成功的实践探索中,我们可以得到以下几个方面的经验与启示。

1. 中国共产党领导下集中力量办大事的制度优势

中国共产党为什么能,马克思主义为什么行,中国特色社会主义为什么好? 我看一个重要的原因是我们党动员组织能力、统筹协调能力强,能集中力量办大事。下山脱贫是个复杂的系统工程,涉及各相关方的切身利益。只有强有力的党、强大的国家,才能组织实施好这么一项成千上万家庭的易地大迁移,才能调动各方面积极性,协调各乡镇、各部门、社会各界做细做实

---

① 朱静怡. 扶贫史上的武义创举——从"山民"到"市民"的下山脱贫工程 [N]. 金华日报,2018 - 12 - 28.

各项工作来支持和推进这项工作。

2. 基层党委政府有着一心为民办实事的情怀

下山脱贫是一项移民工程，但更是一项德政工程、民心工程，充分体现了我们党和政府以人民为中心、全心全意为人民服务的宗旨。我们的老董一把年纪，翻山越岭、磨破嘴皮进村入户动员群众下山搬迁，为了什么？为的就是让困难群众能早日过上好日子。有一次我到坐落在牛头山上七八个村动员下山脱贫，用了两天时间，爬了10多个小时山路。有位失明的老人听到来了"县太爷"，竟然当场跪了下来。这也让我更加坚定，当干部心里一定要装着百姓，所干的事一定要真心实意为了百姓。

3. 基层干部找到了最大公约数，拿出了切实可行实施方法

贫困地区搞下山脱贫是在群众穷、政府财力薄弱的情况下进行的，在这种情况下，要使下山脱贫取得成功，就必须在工作思路方法上进行创新。在思路上，采取"官逼民富"的指导思想，让高山群众、深山群众割断靠山吃山的"脐带"，通过负债搬迁，激起他们创业的强大冲动和欲望，从而快速致富。在政策上，要因地制宜，一村一策，重点扶持基础设施建设和经济发展项目，增强其"造血"功能。在措施上，要实行分步搬迁的办法，有条件的先下来，暂时没有条件的，逐步为其创造条件，对最后剩下的特困群众，打攻坚战，进行特别的扶持。这些方法，实践证明都是行之有效的。

第五章

基层治理创新为武义乡村振兴提供制度保障

一、基层治理的内涵

基层治理是国家治理的最基本单元,是国家治理的基石。基层治理本质上是一个树立国家权威、提升社会动员能力和效力、控制社会良好运行能力的政治现代化过程。从基层治理现代化视角看,基层治理不仅是一个制度法治化问题,而且还是一个制度不断变迁调整的问题。因此,基层治理和制度创新是一个问题的两个方面,两者相辅相成,缺一不可。

观察古今中外的国家治理状态可以发现,国家治理存在一种普适性的治理模式,即使是表面上看着相似的治理模式也是基于各自的传统和历史文化资源而建立起来的,治理都具有"地方性"特征——良好的治理模式都是民族的、地域的和地方的。

二、基层治理制度创新的必要性

（一）传统的基层治理模式不适应新形势发展需要

改革开放30多年后，中国经济社会结构发生了巨大变化，整个社会呈现出价值观的多元化和多样性特征。这种变化产生了对传统基层治理模式的结构力量，传统的治理理念和治理方式已经不能适应多元化的经济社会结构需求，社会环境已经发生了变化，但乡村基层治理的观念和方式却没有发生大的改变，已经不适应新形势发展需要。

（二）基层治理在国家治理体系中的重要性日益显现

国家治理的重要基石之一是良好的基层社会治理。因此，强化基层社会治理作用，创新基层治理制度，对于推进国家治理体系和治理能力现代化具有十分重要的意义。党的十九大报告明确指出，必须着力提高基层组织力量，突出基层的政治功能，把基层党组织建设成为领导基层治理有力、团结动员群众有效的战斗堡垒，进一步加强和创新基层社会治理机制，形成共治共享的社会治理格局。

实践证明，我们打赢脱贫攻坚战，实现全面小康社会，就是得益于基层治理和制度创新能力及水平的不断提高。今后，我们要做好"三农"工作，实现乡村振兴，也必须继续紧紧依靠基层治理，使制度创新能力和水平进一步提高。

三、基层治理制度的创新探索——"后陈经验"

在很长一段时期内，我国习惯于把基层治理称为社会管理。2004年，党的十六届四中全会上提出，在改革开放进入到新阶段的前提下，必须"加强社会建设和管理，推进社会管理体制创新"。在这次全会上把"中国特色社会主义事业的总体布局"进一步具体拓展为"四位一体"——经济建设、政治建设、文化建设和社会建设。在党的十八届三中全会中更进一步把国家治理体系详细描述为由政治治理、经济治理、社会治理、文化治理、生态治理、政党治理等多个领域组成的治理制度体系。

随着中国改革开放的进一步深入，为了适应新的社会治理形势，党的十九届四中全会在全面总结基层治理经验的基础上，进一步提出包含党委领导、政府负责、民主协商、社会协同、公众参与、法治保障、科技支撑的全新社会治理体系，这些对国家治理体系的描述使社会治理体系要素更加完备，结构更为合理。党的十九届五中全会把"社会治理特别是基层治理水平明显提高"作为"十四五"时期中国经济社会发展主要目标的重要内容，在已经制定的"十四五"规划和2035年远景目标纲要中，明确作出了健全党组织领导和自治、法治、德治相结合的城乡基层社会治理体系的具体部署。

随着改革开放以来，我国社会关系社会结构等方面发展变化，武义县与时俱进创新和完善基层治理体系，不断回应社会变化对基层治理提出的新要求，不断解决新问题，不断凝聚基层社会的共识和力量。一个既充满活力又安定有序的基层社会良好局面正在武义县逐步形成。

（一）"后陈经验"的缘起

武义县探索基层治理新路的最大亮点，就是形成、总结和推广的经验（以下简称"后陈经验"）。由武义县首创的村务监督委员会制度写入了《村民委员会组织法》和中央 1 号文件。该制度入围第三届"中国地方政府创新奖",荣获首届"中国廉洁创新奖"。

1. 武义县后陈村概况

武义县后陈村位于浙江省金华市武义县东部,距县城 4000 米,隶属于武义县白洋街道管辖。后陈村与桩塘村、下王宅社区、下邵村、童庐村、白阳山村、双仙厅村、上邵村、王大路村、沈宅村、鸣阳社区、王村村、下陈村、程王处社区、西村村相邻。后陈村共有村民 334 户,908 人,其中有党员 38 人,年人均收入为 5600 元。本村耕地面积大约 328 亩,山林面积约 200 亩,水面面积约有 267 亩。电话、网络、图书室、活动室等农村公共服务设施齐全。村民整体素质较高,是全国有名的民主监督示范村,2006 年荣获"全国民主法治示范村"的荣誉称号。同时也是浙江省卫生村、浙江省 3A 级景区村庄、全国乡村治理示范村。

2. 后陈村基层治理制度创新探索的主要原因

20 多年前,随着工业化、城市化的快速发展,武义县一些工业园区和城镇周边的村子大量土地被征用。白洋街道后陈村是当时有名的"负面典型"和"问题村",后陈村共有 380 多户,1000 多人。由于该村紧临工业园区,大量土地被征用开发,村里仅土地征用款一项收入就有 1000 多万元。因利益问题,后陈村那些年矛盾重重,村民上访不断。我们选择后陈村作为试点,用创新思维,从机构和制度入手,寻求治本之策。

县委专门从县纪委、县委办、组织部、民政局、农业局等部门抽调人员,组成完善村务公开民主管理试点工作指导组进驻后陈村。在两个月时间里,试点工作指导组召开各个层面的座谈会,广泛听取群众意见,在广泛调查研究的基础上,试点指导组拟就《村务管理制度》《村务监督制度》两个制度讨论稿。试点内容的基本框架是"一个机构、两项制度"。

"一个机构",即村务监督委员会。由村民代表会议表决产生,经村代表会议授权实施村务监督,主要负责监督村干部落实党的方针政策情况,列席重要村务会议,审核财务公开清单和报销凭证,对不按制度做出的决定或决策提出废止建议,协助对村干部进行述职考评等。

"两项制度"指《村务管理制度》《村务监督制度》。《村务管理制度》对集体资产、农民建房、村干部报酬、财务收支、土地征用款分配等做了明确具体的规定。这是规范村务管理行为的实体性制度。《村务监督制度》根据权力公开透明的原则,对村务监督委员会和村民代表会议的性质、地位、职责、权利、义务、纠错、罢免的途径和程序做了详细的规定。这是约束村干部权力的程序性制度。

经县委常委会认真研究,上述机构和制度开始逐项实施,2004年6月18日后陈村正式挂牌成立了全国首个村务监督委员会;2006年2月17日,全国深化村务公开民主管理工作座谈会在湖北省武汉市召开,时任县委副书记、县纪委书记骆瑞生同志代表武义县委在会上做典型发言,向全国各地介绍、推广"后陈经验";2008年浙江在全省范围内推广"后陈经验",截至2009年11月,全省所有行政村均建立了村监委会,覆盖面积达100%。

(二)"后陈经验"创新探索过程

"后陈经验"从创立到推广再到深化完善,武义县委历届班子坚持按照习近平总书记的重要指示精神,坚持创新思维方法,不断赋予"后陈经验"新的时代内涵。可以说"后陈经验"的发展路径就是不断创新的过程,不断完善的过程。

1. "后陈经验"探索路径之过去时(2003~2013年)

武义县是"后陈经验"的发源地,十多年来,武义县始终牢记不负习近平总书记的殷切嘱托[①],在创新基层民主治理、深化"后陈经验"上一直走在全国的前列,具体过程如表5-1所示。

---

① 杨林聪. 历史弥彰的"后陈经验"[N]. 金华时报,2021-04-03(01).

表 5-1　　　　　　　　　2003~2013 年"后陈经验"探索过程

序号	时间	问题导向	出台举措
1	2003 年	村级财务管理	村财务管理监督小组
2	2004 年 6 月	村务管理混乱、干群矛盾激发	建立村务监督委员会,出台《村务管理制度》《村务监督制度》
3	2004 年 8 月	"后陈经验"的可及性有效性	出台《村务公开民主管理制度的意见》、全县乡类分批推行"后陈经验"
4	2005 年 5 月	市域范围的有效性	全市范围全面推广"后陈经验"
5	2009 年 11 月	省域范围的有效性	全省 3 万多建制村全部建立村务监督委员会
6	2010 年 7 月	原有制度不够规范、完善	开展"四定二评一创",即定决策规则、定管理程序、定监督办法、定公开内容,乡镇评价村干部和村民评价村干部,创群众满意的村务监督委员会
7	2013 年 5 月	原有制度不够规范、完善	出台《武义县村务监督委员会履职细则》

2. "后陈经验"探索路径之现在时

创新"后陈经验"一直在路上,继 2010 年村务监督委员会制度被写进《中华人民共和国村民委员会组织法》之后,2019 年,又被写进《中国共产党农村基层组织工作条例》《中国共产党农村工作条例》。这些最高法理成果极大地鼓舞和鞭策武义县委班子进一步创新的信心和激情。如今,武义县委已经把深化"后陈经验"作为武义县委、县政府今后相当长时间坚持做好的"三篇文章"之一来抓。

(1) 推动村务监督标准化建设。近年来,武义县认真贯彻落实中办国办印发的《关于建立健全村务监督委员会的指导意见》,并配套出台《关于推进村务监督委员会规范化建设的实施意见》,大力实施"阳光村务"三年行动计划,全域推动村务监督标准化建设。2019 年 7 月,制定发布了全国首个村务监督省级地方标准《村务监督工作规范》(DB33/T 2210—2019),系统梳理了村务监督委员会的组织建设、监督实施、效能评价等内容,形成了老百姓看得懂、干部做得到、实践好操作的村务监督工作新体系,成为坚持和发展"后陈经验"的关键一招。

组织建设标准化,把好选人用人"出入关";监督内容标准化,覆盖村务监督"全过程";工作方式标准化,明确分层分类"作战图";履职保障标准化,激发干事创业"新动能";效能评价标准化,用好考核奖惩"指挥棒";推进"三治融合"新格局,下好基层治理"一盘棋"。

从实践来看,推动村务监督标准化建设的绩效十分明显。从一组数据中可以佐证,全县村监委主:100%由村党组织班子成员或党员担任;累计整顿清理兼职村监委会成员127人;全县258个行政村划分为山区村、空壳村、集体经济强村、矛盾问题焦点村、外来人口集中村、工程建设集中村,实现分类精准监督;村监委主任按照村主职干部70%发放薪酬,其他成员享受误工补贴,全员薪酬待遇财政兜底;2018年以来,全县已有7名村监委主任"零报酬"。

(2)完善"一肩挑"背景下村级组织监督机制。在全面推行村党组织书记和村委会主任"一肩挑"后,如何加强村级组织建设,特别是如何规范村级权力运行,是今后农村工作新的重大课题。为此,武义县积极探索发展新时代"后陈经验",采取了一系列新举措来完善"一肩挑"背景下村级组织运行监督机制。武义县又一次以创新思维方法走在了基层治理改革的前列。目前,武义县采取的新办法已经在金华市范围推广。武义县村级组织运行监督机制主要在三个方面进行了创新。

首先,监督理念创新。村务监督的实质是群众监督。但是,在过去,许多人理解为就是村监委主任监督村书记、主任。现在,武义县进一步确立新的理念,即"制度监督制度"。换句话说,就是以村监委主任为代表的村务监督制度对以"一肩挑"书记、主任为带头人的村级工作制度的监督,而不是村监委主任监督村书记、主任。将村党组织、村委会、社管会三个工作机构,通过交叉任职等方式予以力量整合,以村务联席会议为工作主体,一体实施村务决策和村务管理。将村党组织副书记、村务监督委员会、社务监督委员会三个监督力量整合为一套班子,共同行使监督职能,从而构建"三合一"监督架构。

其次,选派监督新角色。武义县委向全县258个行政村选派第一书记,着力加强乡镇党委对村级工作的领导和指导。第一书记专职驻村、在村坐班,参加每次村务联席会议,做好参与议题酝酿、把关政策执行、指导决策程序、审核会议记录等4项监督指导,参与村级财务管理、工程项目建设等

7大类重大事项决策。强化第一书记指导监督村级工作的主要责任，约束村级关键权力。

最后，在监督协同性上创新。武义县着力构建乡镇纪委、第一书记和村监委会主任、村民"四位一体"监督工作体系，形成乡镇纪委负责全面指导督促，第一书记一线加强领导指导，村监委主任依法依规实行监督广大村民积极参与的工作格局。

（3）推行"三个三"信访全链条工作法。加强化解社会矛盾机制建设是实现治理体系和治理能力现代化，打造新时代社会治理金华样本的重要内容。按照习近平总书记关于"完善社会矛盾纠纷多元预防调处化解综合机制"的要求，武义县积极做好"后陈经验"深化拓展文章，实行村、乡、县三级联动，推行"三个三"信访全链条工作法（见图5-1），初步实现"矛盾不上交、信访不出县"的目标。市委书记陈龙充分肯定了武义的做法。

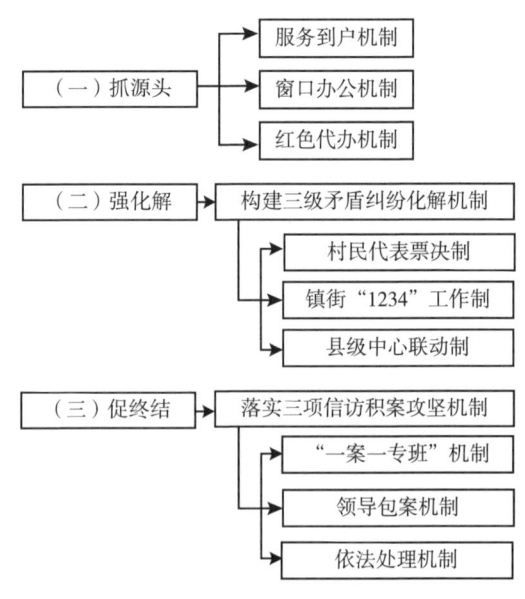

图5-1　"三个三"工作法图解

资料来源：笔者绘制。

2020年以来，武义县累计化解信访积案141件，其中省级以上信访积案化解率达100%，进京信访由2017年的71人次递减至"零进京"。其中发源于武义县茭道镇的村民代表票决制更有创意（见图 5-2）。针对调解多次或长达半年以上仍未化解的矛盾纠纷及信访积案，以村民代表大会票决的方式确定化解方案，并严格落实方案办结时限。这个机制实行以来，县域矛盾纠纷和信访积案化解提速 30% 以上。如村民朱某自 2007 年起因宅基地纠纷赴京到省上访十余次，反复向政府提出无理补偿要求。推行村民代表票决制后，朱某深感自己的要求站不住脚，担心票决不利自己，为维护自身形象，主动到村委会接受一个解决方案，签署息访协议书。长达 13 年的信访积案得到彻底解决。

图 5-2　武义县茭道镇村民代表票决制现场（金中梁　摄）

3. "后陈经验"探索路径之将来时："源头智治"

"后陈经验"从创立至今已 20 多年。20 多年来，武义县委带领全县人民付出很多艰辛，也取得丰硕的回报，有力助推武义的脱贫攻坚战和跨越式发展（见表 5-2）。

表 5–2　　　　　　　"后陈经验"取得的主要成就

序号	获取时间	颁发或确认单位	称号或内容
1	2006 年 1 月	司法部、民政部	全国民主法治示范村
2	2006 年 1 月	中央编译局、北大、中央党校	中国地方政府创新奖
3	2009 年 11 月	全国村务公开协调小组	全国村务公开民主管理示范县
4	2010 年 10 月	全国人大	村务监委会制度被写进《中华人民共和国村民委员会组织法》
5	2012 年 5 月	人民日报社	"后陈经验"入编《党的十六大以来政治体制改革大事记》
6	2013 年 1 月	中华人民共和国中央人民政府	"后陈经验"写入中央 1 号文件
7	2015 年 1 月	中华人民共和国中央人民政府	"后陈经验"写入中央 1 号文件
8	2017 年 8 月	中央全面深化改革领导小组	中央全面深化改革领导小组第三十八次会议审议通过了《关于建立健全村务监督委员会的指导意见》
9	2017 年 11 月	中共中央办公厅、国务院办公厅	印发《关于健全村务监督委员会的指导意见》
10	2019 年 1 月	中华人民共和国中央人民政府	"后陈经验"写入中央 1 号文件
11	2019 年 1 月	中共中央委员会	村务监督委员会制度写入《中国共产党农村基层组织工作条例》

资料来源：笔者整理。

这些荣誉既是荣耀也是压力。武义县委把压力变为动力，下定决心，把"后陈经验"跃迁到"源头智治"。这是"十四五"时期奋进武义最出彩的文章。深化和拓展"后陈经验"，是习近平总书记的殷切嘱托[1]，也是省委、市委交给武义新的时代课题。

浙江的基层治理特色是"智治"，体现在以智慧化推动基层治理的现代化。因此，武义县认真贯彻落实省委"率先形成与数字变革时代相适应的

---

[1] 杨林聪. 历久弥新的"后陈经验"[N]. 金华日报，2021–04–03（01）.

治理方式"要求,在数字赋能源头治理上先行一步、走深一步,将数字技术、数字思维融入县域治理的方方面面,自觉为"后陈经验"插上"数字翅膀",推动传统治理向现代智治迭代升级,努力打造"中国之治"的"浙江样板""武义窗口"。同时,武义县也要学习借鉴其他兄弟县市一些好做法,吸纳到"后陈经验"之中。譬如浙江省金华市金东区推行的"智安小区""智安单位"建设;金华市永康市推行的"一警情三推送"机制;金华市义乌市苏溪镇创新推出的"一扫一图一码"数字监督平台等,最终实现安全生产监督,"智能化、数据化、标准化",助推企业高质量发展。

"后陈经验"需要并值得我们去创新、拓展的领域还有不少。《武义发展研究》编辑部有关研究者在研究、思考"后陈经验"深化文章时提出了一些新观点。他们认为,我们对村务的监督可分为"限制性监督"和"肯定性监督",实际中前者运用比较充分,而对后者不够重视。用规矩、规则等刚性手段去约束"一肩挑"主体的权力,比较有力。而用教育、奖勉等柔性手段去约束权力,比较偏软。因此,在基层治理制度创新中可以进一步借鉴国家现行公务员晋升模式,探索村干部全天候工作和职级晋升新机制,推行村级组织"一肩挑"主职干部身份转入体制内的可行性、前瞻性研究。力争实现四个"较大幅度提高或增加":一是较大幅度提高村级干部人才培养财政支持额度;二是较大幅度增加村干部脱产学习时间;三是较大幅度提高村级组织"一肩挑"主职干部、村监委会主任大专以上学历所占比例;四是较大幅度提高上述村干部驻村工作时间和报酬。

(三)"后陈经验"的内涵

罗马不是一天建成的,"后陈经验"也不是一朝一夕形成的。其中凝聚着各级领导、专家学者的心血和智慧。同时,对"后陈经验"的内涵阐释也不尽相同。有两种观点比较有代表性。

1. 基层管理者的观点

基层管理者,主要是武义县委领导层面的观点,他们认为"后陈经验"的内涵包含以下四个方面。

（1）权力接受约束和监督是"后陈经验"的核心内容。习近平总书记于 2005 年在后陈村开展基层治理调研时指出，"没有监督的权力，肯定会趋向腐败。这不是人的问题，而是制度问题"①。村民先选出村民委员会，同时再选出一个村务监督委员会，由村务监督委员会监督村民委员会的工作，这样可以保证从制度上把权力关进笼子里，这是"后陈经验"的基本做法。习近平总书记在当时调研时说，"现代民主政治的成果主要不是民主选举，而是对权力的制衡机制"②。

（2）实施全面村务公开是"后陈经验"的关键基础。仅仅成立村监委是不够的，监督机制还要能够有效实行，相关信息必须得全面公开，因此"后陈经验"在设立村监委的基础上，切实完善了村务公开机制。公开的方式由传统的村务公开栏变成通过有线电视、村务报纸送上门，后陈村大到宅基地分配、工程招投标，小到买几把扫帚、几张红纸，全部予以公开，让村民及时了解、看得明白，便于监督。

（3）群众有效监督是"后陈经验"的实质。村务监督不是村监委主任一个人在战斗，而是全体村民在监督。建立村务监督委员会的刚性监督权和广大群众柔性舆论约束力权限的无缝对接是"后陈经验"的实质所在。这一本质特征充分回答了习近平总书记在 2005 年提出的关于"监督委员会和村委会同流合污了怎么办"的担忧。在实际操作中，后陈村的村监委们会经常听取群众发表的各类意见和建议，并及时向全体村民反馈村"三务"的具体情况，认真履行全体村民赋予他们的监督职责。

（4）确保源头得到治理是"后陈经验"的根本目标。村务工作看起来简单，但实际上也是千头万绪，如果处理不当，很容易引起群众不满。因此，如何在问题苗头出现时就及时解决，成为村务工作的难题。后陈村探索地运用全面村务公开和及时监督的做法，实践证明能够及时发现问题苗头，这一制度设计可以做到第一时间纠错、纠偏，从而使防止矛盾纠纷在起点就得到有效解决成为现实，真正做到了从源头上维护农村社区的和谐和稳定。

---

① 资料来源：武义县后陈村村委会提供。
② 姚激扬. 深化新时代"后陈经验"完善"一肩挑"背景下村级组织运行机制［N/OL］. (2021-07-21)［2022-05-10］. https://mp.weixin.qq.com/s/zh4djv8CwDsqyyz948D-Rg.

2. 专家学者的观点

不同的专家学者从各自的研究领域出发，对"后陈经验"的内涵进行了一系列探索和总结，在不断完善和丰富的基础上，逐渐形成了多方面的基本共识。

（1）"后陈经验"是习近平新时代中国特色社会主义思想在浙江萌发的具体源头之一，习近平法治思想是习近平新时代中国特色社会主义思想的重要组成部分。"后陈经验"正是在习近平主政浙江省时不断完善和推广。

（2）"后陈经验"是以村务监督为核心的基层社会治理机制，村务监督制度是"后陈经验"的核心，也是"后陈经验"的生命力所在。但"后陈经验"并不等于村务监督制度。武义县委被问题倒逼，以解决干群矛盾，防范农村腐败，推进社会和谐稳定为初衷，不自觉地做成了建构基层社会治理机制，在全国可模仿推广的"治国之策"这篇大文章。

（3）"后陈经验"是实现乡村振兴的重要载体。"后陈经验"是调动群众自我管理热情、尊重群众首创并依靠群众力量创新的自治机制。脱贫攻坚战已经取得全面胜利，乡村振兴的新战斗号角正在吹响。为取得乡村振兴战斗新胜利，我们必须凝聚各方共识，调动广大群众力量，继续深化"后陈经验"，为乡村振兴注入新的动力和活力。

（四）"后陈经验"的作用和意义

第一，从全国层面来看，"后陈经验"具有重要的作用和意义。2010年"行政村应当建立村务监督委员会"写入了《中华人民共和国村民委员会组织法》，"后陈经验"上升为"治国之策"。

具体来说，"后陈经验"构建了具有中国特色的农村基层自治权力结构，丰富了基层民主的实现形式。"后陈经验"为全面深化改革总目标落实到基层提供了宝贵经验，推进了乡村治理现代化进程。"后陈经验"从根本上解决了农村"微腐败"问题，促进了农村基层的廉政建设。

第二，从武义县层面看，"后陈经验"推行以来，大幅减少了村务管理中的问题和矛盾。有效改变了村级财务混乱的状况，干群关系明显好转，村级民主管理与法治水平逐渐提高。

第三，从后陈村层面看，近20年来，后陈村实现了村干部"零违纪"、村民"零上访"、工程建设"零投诉"、不合规支出"零入账"的"四零记录"。后陈村成为全国民主法治示范村，树立了一个以监督推进各项事业发展的典型样板，全村百姓的获得感和幸福感大幅增强。

四、武义县基层治理制度创新的思考

为什么武义县基层治理制度创新（"后陈经验"）能从"治村之计"上升为"治国之策"？其制度创新先后获得"中国地方政府创新奖""全国村务公开民主管理制度创新奖"等荣誉，被列为党的十六大以来政治体制改革的16件大事之一的原因是什么？对于激发机关干部理论创新热情，提高对外宣传水平，弘扬奋斗创业精神具有哪些重要借鉴意义？武义县基层治理制度创新成就至少有以下三方面的原因值得我们思考。

（一）有一个敢于政治担当的领导团队

"后陈经验"形成之初并非一帆风顺。2004年，时任县委副书记兼纪委书记的骆瑞生首次提出建立村务监督委员会时，在县委班子层面遭到多人的质疑与反对。反对者主要顾虑建立村务监督委员会无法律依据，其他理由还有不少。反对声音听起来条条在理。拿出每一条都可以吓阻创新进程。关键时刻，县委领导班子作为最终决策者支持进行村级组织制度创新，并分析研究了新组织可能产生的法律和情感障碍，重点厘清了法律依据、村干部反对、村民认为改革是形式主义等几个问题，最终统一了思想认识。

没有"杀出一条血路"的特区精神，就不可能有如今的现代化示范城市深圳。同样，没有敢于政治担当和善于科学决断的武义县委班子，就不可能有如今的"后陈经验"。

我们的时代是英雄辈出的时代，主政义乌市开创中国小商品城的谢高华，在离任数十年后被授予"改革先锋"称号，获评"义乌小商品市场的催生培育者"。先发地区的义乌能出英雄，后发地区的武义也同样可以。"后陈经验"最终能上升为"治国之策"，武义县委班子也充分体现了敢于创新敢于担当的改革精神。

（二）有一个善于理论创新的工作团队

调查研究是形成"后陈经验"最有效的工作方法。由县委领导带头，县纪委、县委办、县民政局、县司法局等一批领导干部深入基层调研村务公开、民主管理等工作。县纪委有关领导干部在深入调研并借鉴外地做法基础上，提出建立"第三委"的建议。

"后陈经验"最早的理论雏形是民主理财监督小组。白洋街道工业办副主任胡文法上任后第一件事就是做足调查研究功课，分析总结全村党员、村民代表的意见建议，并理清了干群关系紧张的主要根源。他借鉴公司管理模式，提出把监事会组织架构运用到村级组织当中，加强民主理财监督小组的设想。由于该小组成员由村"两委"指定，并非民主选举产生。因此，其合法性、权威性、有效性令人质疑。他的设想没有被全部采纳。但他寻求"第三方力量"监督村"两委"干部的观点给县委决策者带来了启发。

先试点后推广，县委及时组建完善村务公开民主管理试点工作指导组，从相关部门抽调基层工作经验丰富的领导干部进驻后陈村。指导组迅速召开各个层面的座谈会，广泛听取群众意见。经反复研讨，提炼出可操作的制度文本。

把调查研究与试点工作相结合，武义县委逐步形成了"后陈经验"核心架构，即"一个机构，两项制度"（村务监督委员会与《村务监督制度》《村务管理制度》）。在后陈村试点成功后，向白洋街道、全县行政村逐级铺开。从"治村之计"上升为"治县之道"，理论创新进一步升华。

时任武义县委副书记、纪委书记骆瑞生在全国村务公开民主管理座谈会上的发言，以及时任县委办副主任、试点指导组组长刘斌靖在《中国民政》上的发文，均将经过系统性理论性梳理的"后陈经验"推向全国。这是武义县领导干部理论创新水平的一次成功展示。

撰写、发表高质量的理论文章，不但体现了武义干部队伍的理论素养，而且架起了下情上达的桥梁。武义县及后陈村在相当长时间成了领导、专家、学者们研究基层民主建设、乡村治理的重要基地和窗口。他们的研究成果又进一步完善、丰富了"后陈经验"。

县委办和试点指导组是这次调研试点、理论创新的中坚力量。指导组集聚了许多高考恢复后从浙江师范大学、杭州大学科班毕业的青年才俊和从纪委、法院、民政等单位抽调的"精兵强将"。这个"豪华阵容"为"后陈经验"酝酿、形成、发展夯实了底色，增添了亮色。

武义县领导干部萌发的只是"星星点点的思想火花"，仅仅是土生土长的"砖"。学者、专家们"拿捏"着这些带着泥土芳香的"砖"，把他们变成写在大地上的"论文"。

（三）有一个善于对外宣传的工作团队

多年来，武义县对外宣传工作经常走在全市前列乃至全省前列。这样的工作业绩主要得益于历届县委县政府战略思路清晰、工作成效显著，为对外宣传工作者提供了新闻"富矿"。同时，也得益于拥有一支"脚力、眼力、脑力、笔力"兼备的新闻工作者团队。

建立村务监督委员会制度，推进农村基层民主政治建设，就是与当年后发赶超、下山脱贫并列为"三大新闻富矿"。以对外宣传为职能的县委报道组始终跟踪着"后陈经验"发展的脚步和脉动，及时挖掘新闻线索，采写发表一系列新闻稿件。2004年6月18日，后陈村村务监督委员会正式挂牌后，率先在《金华日报》头版显著位置刊发消息。2004年7月12日，《检察日报》头版刊发了由县委报道组与武义县检察院干警联合采写的新闻稿件《检察建议催生村务监督委员会》。这是"后陈经验"新闻事件首次在中央级媒体上亮相。

一石激起千层浪，《南方周末》特派记者赶至武义县采访，并于2004年8月12日刊发名为《中国基层民主迈向"后选举"门槛》的报道，介绍了武义县后陈村建立村务监督制度情况。随后，新华社、《人民日报》、中央电视台、《浙江日报》等全国主流媒体纷纷跟进，竞相采访报道。

武义县广播、电视、报社等媒体对外宣传工作者纷纷主动出击，努力架起下情上达、内情外传的另一座桥梁，为全国各级领导、专家、学者考察、调研、宣传"后陈经验"掀起新高潮推波助澜。20多年来，研究、报道"后陈经验"高潮迭起，这是与全县对外宣传工作者埋头苦干、勤奋努力分不开的。

十多年前，大家对武义县的对外宣传工作评价甚高，笔者也曾经认为，武义县经济社会各项事业实现了跨越式发展，与此相匹配，对外宣传工作也取得跨越式发展。武义县对外宣传团队的工作就是做好"后陈经验"、说好"武义故事"的代言人。武义县党员干部所表现出的敢于政治担当、善于理论创新、善于对外宣传的优秀特质，构成了"后陈经验"背后所蕴藏的精神内核和文化力量。

浙江是习近平新时代中国特色社会主义思想重要萌发地①，"后陈经验"无疑就是这一宏大思想的重要组成部分。做深做实深化"后陈经验"等"三篇文章"是武义县委的重大战略决策。要续写新篇章，先得重翻"旧篇"，重走"来时路"。不继往不能开来，不推陈则不能出新。

---

① 陆健. 浙江：扬鞭奋蹄新赛道 [N]. 光明日报，2022-07-21（05）.

| 第六章 |

发展生态农业助推武义乡村振兴之路

一、生态农业的界定与特点

生态农业是世界农业发展史上的一次重大变革,纵观人类一万年的农业发展史,大体上经历了三个发展阶段:原始农业阶段,传统农业阶段,现代农业阶段。

从20世纪70年代开始,人们在更多享受到现代农业带来的丰富物质成果和高效农业产出效率的同时,也切实感受到了现代农业发展给人类生存环境造成的生态危机——化肥农药过量使用对土壤的侵蚀和破坏、能源危机、环境污染严重等,这种状态的出现迫使各个国家开始探索农业发展的新途径、新模式,生态农业应运而生。

(一)生态农业概念

关于生态农业的概念界定,国外研究要早于国内的研究。在笔者可查资料范围内,关于生态农业观念的论述最早由美国学者威姆·奥伯特(WiL-

Liam A. Albrecht）于 1971 年在《土地》（Acres）杂志上发文提出，其主要思想是农业生产应该实行自我循环，尽量减少能量投入，提倡运用自然力——通过畜牧业来生产肥料、实行轮作制度等来经营农业生产。其后英国学者沃什顿（Worthington，1981）、美国学者杰克逊（Jackson，1984）对生态农业的内涵进行了进一步扩展。沃什顿从平衡视角定义了生态农业，他认为生态农业是能够在能量上进行自我平衡的产业，这种产业必须保持经济上的生命力，环境、伦理和审美上的可接受。杰克逊把威姆·奥伯特的生态农业思想进行了更明确的细化，把威姆·奥伯特提出的能量投入解释为人工管理条件下的农业生产要少用或不用化肥农药，把轮作制具体化为保持土壤肥力和生物种群的多样化，由此实现农业的持久性发展。为了便于管理，美国农业部则将生态农业定义为："生态农业是一种完全不用和基本不用人工合成的化肥、农药、动植物生长调节剂和饲料添加剂，而是依靠作物轮作、秸秆、牲畜粪肥、豆科作物、绿肥、场外有机肥料、含有矿物养分的矿石补充养分，利用生物和人工技术防治病虫草害的生产体系。[①]"

国内也有许多学者对生态农业进行了探讨和研究。马世骏（1981）等从实践出发，指出生态农业必须符合经济学原理，运用系统工程方法，能保证良性循环，可持续经营发展，追求高效低耗，集约化经营的农业体系。丁举贵（1990）在吸收国外关于生态农业是循环农业等研究成果的基础上，结合中国实际，认为生态农业是合理利用当地资源，一业为主，保持多级转化和良性循环，产出最大化，经济效益最佳的高效无废料循环系统。卢永根、骆世明（1999）等学者认为生态农业应该是能自觉地把生态学原理运用于农业生产之中，以追求生态效益为发展目标的农业。

（二）生态农业的主要特征

关于生态农业的特征，不同的研究者有不同的描述，但在以下方面基本取得共识。

一是关注农业的生态性，也就是强调农业与生态环境的协调关系，无论

---

① 李季. 世界生态农业的发展趋势［J］. 致富之友，2005（3）：1.

农业如何发展都必须尊重生态经济规律。

二是强调生态农业是产业化经营体系，必须遵循可持续经营原则，生态农业本质上仍然是一个产业，虽然以生态建设为基础，但必须以市场为导向。因此，发展生态农业要遵循产业发展系统的功能稳定规则，最终形成农、工、商、贸一体化产业经营系统。

三是生态农业发展要依靠技术进步。生态农业是一种技术集成产业，发展生态农业必须依赖现代与农业相关的各类技术的研究成果，提升现代生物技术、太阳能技术在农业中的转化率。

四是生态农业是一种综合性产业，是综合了土地、生物、技术、信息等农业资源和农、林、牧、副、渔、加、商等相关业态的复杂经营系统。

五是生态农业必须带有区域特色。生态农业依赖各地不同的生态环境，力求与所在地的环境建立能量交换系统，因此成功的生态农业一定带有区域生态特征。

二、中国生态农业发展基本概况

中国生态农业发展虽然借鉴了国外生态农业的各种形式，但由于中国是传统的农业大国、农业古国，因而中国的生态农业必然有着自身特有和深厚的传统农业的烙印，同时又带有有机农业的背景和基础，最终形成了自己独特的概念和发展过程。如表6-1所示，中国生态农业的发展历程大体分为以下三个阶段。

表6-1　　　　　　　　中国生态农业发展历程

阶段划分	时间节点	主要工作	承接单位	主要成就
第一阶段（起步）	1983年以前	知识积累（理论探讨）、宣传发动、局部试点（偏重现代农业技术）	农业院校和科研单位（从事理论研究）；村、乡（镇）（试点）	山西省闻喜县、辽宁省大洼县、湖南南县出现"生态农业户""沼气生态户""生态示范户"；北京大兴县留民营村出现第一个生态农业户

续表

阶段划分	时间节点	主要工作	承接单位	主要成就
第二阶段（发展）	1984~1992 年	政府部门发布文件鼓励发展生态农业；通过理论的探索初步形成了具有中国特色的生态农业理论体系	农业、科研、教学、水利、水产、畜牧、农经等部门	多部门、多区域、多科学的多点试验和示范；地域分布由一省一市到多个省市
第三阶段（提高）	1993~2004 年	生态村、乡镇建设；生态农业县的建设；成立了全国生态农业县建设领导小组	农业部、国家计委（现国家发改委）、科委（现科学技术部）、财政部、林业部、水利部和国家环保局（现国家环保总局）	北京市大兴县留民营村、浙江省萧山市山一村、江苏省姜堰市河横村等 7 家单位被联合国环境规划署授予"全球 500 佳"称号；粮食总量增幅 15% 以上，人均粮食占有量增长 21.4%，农业总产值年均增长 7.9%，农民纯收入年均增长 18.4%，生态环境状况明显改善，比 1990 年水土流失减少 49%，土壤沙化面积减少 21%，森林覆盖率增加 3.7%

资料来源：闫增强，刘小芳. 我国发展生态农业经济面临的严重问题及对策 [J]. 生态经济，2004（3）：34-37.

三、当前中国生态农业发展的困境

中国的生态农业经过多年的发展，虽然获得了较好的成绩，但也仍然存在不少需要进一步解决的问题。

（一）生态农业依赖的环境中污染问题未能得到彻底改观

根据 2014 年《全国土壤污染状况调查公报》的记录，全中国土壤监测总点位超标率达到 16.1%，而其中轻微污染点位比例为 11.2%，轻度污染点位比例为 2.3%，中度污染点位比例为 1.5%，重度污染点位比例为 19.4%。从区域分布看，中度污染主要分布在辽河、海河等流域，轻度污染区域主要分布在松花江、淮河等流域和太湖、滇池等湖泊区域，总体表现为流域化和区域化特征。复合污染（如重金属、抗生素、农药等）状况则在东南沿海和南方部分地区较为集中①。

（二）生态农业资源利用效率不高

根据农业部公布的相关资料显示，相对于化肥和农药使用量均居世界第一的中国来说，2017年三大主粮作物（水稻、玉米、小麦）的化肥利用率仅为37.8%，农药利用率为38.8%，与发达国家相比低了10~20个百分点②。自然生态农业资源的利用率也未达到理想高度，据统计2016年畜禽粪污综合利用率低于60%，年生猪病死淘汰量的集中无害化处理比例不高，秸秆资源化利用率只达到约70%，农膜使用量的回收率仅为2/3不到③。

（三）基于复合型治理视角的环境污染纵深治理技术供给不足

改革开放后，中国经济的高速发展和城市化的快速推进，环境污染出现了新的变化。这种变化表现为城市污染大量向农村转移，污染因素由单一因素向复合因素转化。这就要求污染预防和治理也必须从单向防治向综合防治转化，从区块防治向全域防治转移，而原有的防治机制和防治技术却不能适应这种新的变化，进而造成基于复合型治理视角的环境污染纵深治理技术供给不足。

（四）农业生态功能的综合开发效率严重滞后

中国是一个人口大国，目前约有14亿人口。为了缓解人口增长压力，长期以来，强调生态环境的生产功能一直是中国农业发展的侧重点。因此，

---

① 刘洁. 生态环境部发布2018中国生态环境状况公报［N/OL］.（2019-05-29）［2022-01-10］. https：//baijiahao. baidu. com/s？id=1634834885676237182&wfr=spider&for=pc.
② 农业部新闻办公室. 化肥农药利用率稳步提高 提前三年实现零增长目标［N/OL］.（2017-12-21）［2022-01-10］. http：//www. moa. gov. cn/xw/zwdt/201712/t20171221227_6128571. htm.
③ 中华人民共和国农业农村部发展计划司. 关于印发《关于推进农业废弃物资源化利用试点的方案》的通知［EB/OL］.（2016-08-11）［2022-01-10］. http：//www. moa. gov. cn/govpublic/FZJHS/201609/t20160919_5277846. htm.

不重视农业生态系统的综合功能建设成为一种农业产业习惯,这种产业习惯长期贯彻的结果带来了突出的生态环境问题、发展不平衡问题,最终严重威胁到了农产品的质量安全。这种不重视农业生态功能的多功能综合开发的相对落后的农业产业发展观念,使农业产业本身成为环境污染的最大受害者。

(五) 适应农业生态环境保护需要的科技支撑力供给不足

近年来,中国虽然在科技创新领域的投入持续增加,新的科研成果不断涌现,大量的科研成果也在生态环境防治中得到了应用,发挥了积极贡献。但在农业生态环境防治实践中,整体投入还是不足,并且仅有的投入还存在相对分散、聚力不足、科技创新与产业关联度不足等问题。特别是在新的历史时期,随着对生态环境治理需求的不断扩大,涉及面越来越广,科技创新的储备和支撑力越来越难以满足要求,许多技术的熟化落地速度远远不能满足人民对美好生活的追求。因此,农业生态环境领域科技创新的道路还很漫长且艰辛。

四、武义县生态农业发展状况

(一) 武义县自然生态环境概况

武义地处浙江中部,县域总面积 1577 平方千米,呈"八山半水分半田"地理格局,2020 年末总人口 48 万人,其中户籍人口 34.5 万人,辖 8 个建制镇、7 个乡、3 个街道。武义县始建于三国时期,距今已有 1770 多年的历史[①]。全县森林面积 11.662 万公顷,森林覆盖率 74%,79% 的地表水

---

① 武义县人民政府. 武义概况 [EB/OL]. (2019-08-28) [2022-01-30]. http://www.zjwy.gov.cn/art/2019/8/28/art_1229184746_51443912.html.

达到Ⅱ类标准，是名副其实的"江南桃花源"和"浙中绿岛"，荣获"全球绿色城市""中国天然氧吧"等称号①。

武义县紧紧围绕"生态发展，绿色崛起"工作主线，大力开展"美丽武义"建设，建立健全"五水共治""大气污染防治""土壤治理"等体制机制。每年按要求完成上级下达的主要污染物总量减排任务，单位GDP能耗呈逐年下降趋势；污染物排放总量与经济总量反向增长，实现了生态、绿色发展。主要河流水质保持在Ⅲ类水质标准以上，城镇集中式饮用水源地水质达标率达100%。县域空气质量良好，PM2.5浓度年均值逐年下降。加强生态空间管控，生态环境保护各项指标全面提升，3次荣获浙江省"五水共治"工作最高奖"大禹鼎"，自然生态红线区生态环境、湿地生物多样性、重要物种等得到有效保护。一般工业固体废物处置利用率、危险废物无害化处置率、耕地土壤环境质量达标率均达100%。

（二）有机产业发展情况②

截至2020年，武义县全县有机农产品认证主体达到100家，有机产品标准认证证书133张，产品205个，茶叶、中药材、林特产等种植业及水产品有机认证规模3386.67公顷、产量9920吨，牛羊鸡等畜禽养殖有机认证规模3776头（羽）。有机农业产业链产值达到8.15亿元，比2019年增长14.8%。2015~2019年，武义县有机生产经营主体数量及认证证书数量均呈现快速增长态势，其中2019年的有机产品认证证书数量为2015年的3倍，发展速度远远高于全国同期平均水平。2020年，武义正式获评国家有机食品生产基地建设示范县。

1. 产业融合发展水平显著提升

"十三五"期间，武义县从产业融合、产村融合、主体融合等方面着手，全面推进农业产业融合化发展，农业现代化发展水平综合评价连续六年

---

① 李增炜，朱跃军．我县在联合国总部获评"全球绿色城市"［N/OL］．(2017-11-01) [2022-01-30]. http://wynews.zjol.com.cn/wynews/system/2017/11/01/030491582.shtml.
② 资料来源：武义县人民政府办公室。

位列金华市前列；2016年成功获评全国"首批农村产业融合发展试点示范县"；2017年获评"浙江省休闲农业与乡村旅游示范县"；2019年成功入选首批"国家农业产业融合示范园"；2020年获评首批省级现代农业园区。一是产业融合格局逐步优化。相继开发了骆驼九龙黑茶文化园、寿仙谷有机国药馆等一批农业产业融合项目，逐步形成了以"农业+旅游""农业+工业""农业+养生""农业+电商""农业+超市""农业+文化"等为代表的农村产业融合发展新格局。二是产村融合模式持续创新。推进省级美丽宜居示范村、美丽产业发展样板村、历史文化保护利用重点村等特色乡村建设，大力发展美丽经济，依托"一村一品"打开"两山"转化通道。三是主体融合平台不断增加。建设山海协作生态旅游产业园、省级有机茶（国）药农业科技园区等产业平台，金华首家省级"茶叶首席专家工作站"、院士工作站、浙江寿仙谷珍稀植物药研究院等科技创新平台，引进北京大学、浙江大学、浙江省农业科学院等产学研合作主体，支持企业与科研院校等多元主体共建产业化融合发展平台。

2. 现代农业经营主体队伍壮大

拥有了更香茶业、乡雨茶业、寿仙谷药业、海兴药业、创新食用菌有限公司等一批农业产销研一体化企业。全县拥有4家国家高新技术企业、15家浙江省农业科技企业、7家浙江省农业科技研发中心、26家金华市农业科技企业，扶持了545家农民专业合作社和757家家庭农场等新型农业经营主体。

3. 生态绿色发展成果丰硕

全面推进农业生态绿色化发展，先后荣获全国第一个有机茶之乡、国家首批有机产品认证示范区、全国唯一有机抹茶之乡等称号。一是持续鼓励"三品一标"认证。截至2020年底，全县有机认证面积稳定在5.83万亩，100家单位、189个产品获有机认证，数量在全国遥遥领先；4个产品获得农产品地理标志登记。"三品一标"认证比率达60.02%。二是持续推进绿色发展示范。2019年创建了省级农业绿色发展示范区5个、市级农业绿色发展示范区7个，培育新型农业绿色经营主体50个，位居金华市第一位。

三是持续推进生态循环建设。全县推进茶叶有机肥替代化肥国家级试点项目，主要农作物测土配方施肥覆盖率达到92%；实施生态循环整建制建设，大力推广沼液资源化利用，积极开展农作物秸秆综合利用；促进畜牧业转型升级，2019年新增省级美丽牧场5家，位居金华市第二位；获评种植业"五园"创建省级示范基地9家，位居金华市第一位。

(三) 武义县生态农业特色案例[①]

1. 更香有机茶

浙江更香有机茶业开发有限公司成立于2001年，是一家集种、产、供、销、研、游于一体的农业产业化国家重点龙头企业、国家现代农业科技示范展示基地、浙江省农业科技企业。主要生产经营有机、绿色、无公害茶叶，拥有自营出口权。公司先后通过了质量管理体系（ISO9001）认证、食品安全管理体系（ISO22000）认证、环境管理体系（ISO14001）认证、职业健康管理体系（OHSAS18001）和良好农业规范（GAP）认证；"更香有机茶"得到欧盟EC、美国NOP和杭州中农认证中心"三重"有机认证以及国际可持续农业标准"雨林认证"。2012年经环保部考核，获"国家有机食品生产基地"称号。

该公司以"三农"作为企业发展的切入点，大力发展订单农业，打造了"公司+合作社+市场+基地+茶农"的"绿色产业链"，在浙江省、广西壮族自治区、江西省、福建省等地联结建立有机、无公害茶园4000多公顷。其中，位于武义县白姆乡的茶叶加工厂区占地6.67公顷，拥有各类自动化、清洁化生产线20多条，跨越绿茶、红茶、白茶、黑茶、乌龙茶、花茶等茶类的加工，年加工能力2000多吨。公司建立了以北京为中心、辐射全国的营销网络，开设了200多家连锁店和加盟店。同时，通过公司官网、天猫、京东等电子商务平台，走上了内销和外销相辅相成的发展道路，产品远销欧美等发达国家和地区。更香有机茶的成功经营，其意义主要有两个方面：

① 笔者根据实地调研资料整理。

（1）做好"有机农业"方向标，带动产业健康发展。

武义县以"中国有机茶之乡"著称。2017年，武义县又吹响"打造有机农业第一县"的集结号。更香公司作为国家级农业龙头企业，以生产"有机茶"为主，在武义县是众多农业企业学习和借鉴的典型。公司主动将企业的有机茶管理模式提供给相关部门做参考，共同制定产业技术规程及标准要求，引导产业健康发展。在产品销售方面，更香公司积极联合当地协会、组织，以组建联盟方式，维护和监督当地茶产业消费市场秩序的稳定。

（2）开展农旅融合新局面，"体验消费"传播消费文化。

"一个健康的产品不单单是一件商品，而且包含了商品背后的文化内涵。"现代社会，人们对产品的需求，更多的是对健康、绿色、安全的追求。近年来，更香公司通过农旅融合发展，打造了产品消费、生产体验、休闲观光于一体的有机茶生态观光旅游园。园中建立以中国茶文化为元素的茶知识科普、有机茶起源、有机茶管理方式等的知识宣传栏，茶园以遵循种植与自然、生态法则相协调，强调保护茶园生态系统稳定和可持续发展。满山茶香四溢，茶树施以菜籽有机发酵为肥，汲山泉而灌；集成使用信息素诱虫板，太阳能诱虫灯，植物源、矿物源农药等绿色防控技术，让消费者体验"田园风光"之美。更香有机茶生产车间更是"透明化"地向消费者展示了有机茶生产的全过程，让消费者在体验中消费，在健康中消费，同时感受到生产企业浓浓的文化内涵，在不知不觉中建立企业与客户的信任感，让消费成为一种心贯白日的交流。

2. 汤记高山茶

武义县汤记高山茶业有限公司由汤玉平先生始创于1999年，前身为武义县安凤茶厂。现集种植、生产、加工及销售于一体，是浙江省科技型农业龙头企业、武义县农业龙头企业。公司现拥有高山茶叶基地45.93公顷，其中，有机认证基地39.27公顷，协作茶叶基地6.67公顷。年产中高档绿茶7500余千克，销售全国三大名莲之一的宣平莲子7500余千克。公司拥有省级标准化示范茶厂两座，其中，安凤高山茶厂海拔960米，是浙江省海拔最高的茶厂。

汤记高山茶因所取原料全部来自海拔800米以上的安凤高山茶区，茶鲜叶自然品质极佳，加上加工工艺精湛，产品深受北京、上海、杭州、西安等地客户青睐。产品先后荣获首届国饮杯特等奖、国际名茶评比金奖、中国精品名茶博览会金奖、连续6年荣获武义县武阳春雨毛峰茶评比金奖等系列荣誉。在种植环节，通过"公司+农户"模式，每年与农户签订协议，要求茶农严格按照有机农业管理方式进行茶园管理，同时以高于市场价格收购鲜叶原料，与茶农形成利益共同体，带动茶农增收致富。在加工过程中，鲜叶原料明确分级，严格把关，剔除杂质，及时运输，保证品质。公司产品多次受到中国茶叶研究所、浙江省农业厅等知名专家高度评价，并作为浙江大学、浙江农林大学、天府茶学院的专业教学用茶，深受业界好评，2017年公司的两款产品成功入驻中国茶业博物馆茶萃厅，2019年成功入选上海"百佳茶馆"推荐用茶。

此外，公司还开发了汤记宣莲、汤记土山茶油等优质农产品。汤记宣莲依托宣莲天然品质，同时，公司高于市场价6~10元/千克的价格收购正宗宣莲，再经过精挑细选，烘干包装，保证汤记宣莲独特品质；汤记土山茶油也是选取优质原料，优化茶油加工程序，现榨现卖，品质纯正，也深受消费者认可。

近年来，为适应市场需求，公司加强产品研发力度，试制的野生绿茶、花香型手工茶深受资深茶客青睐。

3. 寿仙谷药业

浙江寿仙谷医药股份有限公司作为一家传统医药制造企业，在生产经营过程中始终践行"悬壶济世，弘扬中华药食文化，以有机产品为载体，倡导绿色消费，为民众的健康、美丽和长寿做出贡献"的企业使命。在当地政府部门的大力支持下，利用武义优良的生态环境，选择远离污染、风景秀丽的武义县白姆乡（源口）、俞源乡（刘秀垄）等地，采用"公司统一租地、直接种植管理"的生产方式，建立了266.67公顷的道地中药材种植基地。建立了一整套完善的中药全产业链，实施全程质量控制体系和身份证可追溯制度，以及高效生态低碳的循环栽培模式。

在中药材和有机食品的栽培过程中，遵循中药材的植物自然生长规律，严格按照有机标准，不使用农药、化肥，确保产品的安全无污染。其种植和加工的铁皮石斛、灵芝等名贵珍稀中药材和食药用菌系列产品，先后通过了中国、欧盟、美国、日本有机产品认证，公司铁皮石斛及其制品、灵芝及其制品分别通过了国家生态原产地产品认证，先后获评中国中药协会灵芝/铁皮石斛道地药材保护与规范化种植示范基地、"道地药园"省级示范基地等荣誉称号。公司建立"灵芝—铁皮石斛—有机水稻—禽畜—西红花"高效生态低碳的循环栽培模式，成为国家星火计划项目。

寿仙谷公司采用现代农业技术，标准化、规模化栽培中药材和食药用菌，具有经济性、道地性、多样性等特点，其中药产业的稳健快速发展，成为引领当地经济发展，振兴乡村产业经济的新模式。2019年以来全县中药材种植面积达1733.33公顷，中药全产业链总产值11.36亿元，其中，第一产业产值约占20%，涉及从业药农近1.5万人。形成了以寿仙谷公司为龙头的产业集群，以中药材种植为基础、特色中药深加工产品为主导的中药产业基地。

近年来，武义县高度重视中药资源保护和开发利用，大力推广灵芝、铁皮石斛、二叶青等道地中药材生态化、有机化种植，加强中药材全产业链开发应用，在中药材生产标准化、品质道地化、产品国际化等方面取得显著成果，在促进农民增收和乡村振兴，推动中医药事业发展方面取得明显成效。"武义铁皮石斛"获国家农产品地理标志保护产品；寿仙谷药业主导制定了我国灵芝、铁皮石斛2个中医药国际标准，增强了我国中药材的国际竞争力，武义县中药材产业发展的模式为全省和全国树立了典范。2020年11月，为更有效地组建中药材领域中的骨干企业和中坚力量来共同推动中药材产业的发展，武义县中药材协会成立，寿仙谷公司董事长李明焱当选首届会长。

4. 十里荷花

武义县十里荷花物种园从最早时的10多公顷，到如今绵延40公顷，从2013年创建时名不见经传的小景点，到AAA国家级旅游景区，再到获评"中国美丽田园"殊荣，"省级重要湿地""国家水生蔬菜育种创新基地（武义）荷花研究中心""浙江省休闲农业与乡村旅游示范点""多彩浙江——最美赏花胜地",直至发展成为国内最负盛名的荷花物种园。2013年,物种园由王核、胡爱机夫妇承包,经过7年引种,品种改良、并蒂莲培育、延长花期等技术攻关,目前,在荷花物种园内,荷花品种已达900多个。每年亦生长出数朵"并蒂莲""分芰荷"。荷花花期从原来的6~8月,延长到了5~10月,少数最晚的可以开花到12月。十里荷花的成就主要表现在以下三个方面。

(1) 在荷花产业链上做"全"文章。

按照传统,人们除了赏荷花,就是把莲子做成莲子羹。从承包物种园第二年开始,平常喜欢美食的胡爱机深挖"荷元素",把荷花做成菜肴,开发了黄金炸荷花、荷叶炒鸡蛋、拔丝莲子、莲子炖猪肚等一道道"荷"菜肴,令食客大感新奇:"想不到荷花、荷叶也可以做成美食。"在浙江省第五届农家乐特色菜大奖赛上,代表十里荷花百荷宴参赛的八道荷元素菜肴斩获9项金奖,创下了大奖赛之最。随后,胡爱机又先后开发出了清澈剔透、入口温润柔绵的"莲子土烧酒"和清香解暑的荷叶茶等,受到游客的青睐。

创新种植方式,物种园将部分观赏花莲进行盆栽销售,一改人们荷花仅在水里种植的观念。从2015年开始培育盆栽荷花,其中紫荆荷、美三色、龙飞、白玉等50多个品种远销安徽省、山西省、广东省等地,使原本只能在田里、水塘里看到的荷花走进了寻常百姓家。第一年推出盆栽观赏荷就销售出了5000多盆,取得了较好的经济效益。2018年,又培育出了一种碗莲,俗称桌上莲,比以往的盆栽小一半,解决了盆栽荷花运输时容易损坏、不方便携带的问题。2020年王核夫妇通过网络营销,从往年的"赏花经济"向"卖花经济"转型,创建宣平贡莲天猫旗舰店,从危机中挖掘商机。目前,荷花销售已经进入北京市、上海市、广州市等大城市,价格每朵6元,每天销售鲜切荷花500朵以上。多次作为疫情之下快速转型的典型代表登上全国各类报刊网络传媒。物种园还与我国台湾地区的一家知名企业合作,从荷花瓣提炼荷花精油、荷花香水试制成功。这是继2018年上半年物种园与台湾企业合作开发从荷叶中萃取荷叶碱成功之后的又一重大突破。至此,荷花物种园在追求不断创新积极推进三级农业的道路上又迈出了一大步。

（2）在荷花产业链上做"大"文章。

这几年，全国各地都在如火如荼开展"中国美丽乡村建设""城市湿地公园建设""五水共治建设"，以及各地"赏花经济"热潮一浪高过一浪。荷花，作为水景园和水生植物的主题花卉，已渐渐成为湿地公园和美丽乡村建设的"点睛之笔"。荷花物种园正是深刻领悟了人与自然和谐统一、坚持生态优先的理念，在行动上始终如一的践行者与参与者。短短几年时间，荷花物种园先后打造创建了全国多个荷花观光园。如新疆维吾尔自治区阿克苏市的荷花园，义乌市莲塘公园的 2 公顷荷花观光带，美丽乡村建设样板工程浦江嵩溪村 4 公顷荷花园，杭州市余杭区 20 多公顷湿地公园中的荷花种植，江苏溱湖几百亩湿地建设，以及安徽省黄山市、湖北省十堰市、浙江省台州市、福建省漳州市、广西壮族自治区桂林市、四川省成都市等，荷花的美已由传播者之手，洒向全国各地。"授人以鱼，不如授人以渔""赠人玫瑰，手有余香"。近几年，物种园每年都会向全国各地出售十万株以上荷花种苗，取得了较好的经济效益。物种园把荷花种苗销往全国各地的同时，还为他们进行技术指导。

荷花是世界十大名花之一，也是佛教圣花。中国最负盛名的佛教圣地五台山、普陀山、灵隐寺等，都种植上了物种园最美的莲花品种。"花开见佛性"。每年 5~10 月，圣洁高雅、清净超然、不枝不蔓的荷花都会盛开在各个寺院。目前，物种园与全国上百家寺院有合作关系。

近两年物种园又投资 600 多万元，建造了古建门楼、桥廊、同心亭、同心桥、网红天梯、茶室和民宿；在荷田中兴建了蜿蜒曲折长约 400 米、以木结构为主的休闲游步道，精心打造专业又特色凸显的荷花类省级湿地公园。每年花开之际都会吸引众多国内外游客前来观光游玩。景区开放期间，民宿、餐饮业都纷纷被带动了起来。物种园除了逐渐打造成为国内荷花观光、诗词创作、影视拍摄、摄影写生等最具代表性的基地，也吸引了各级媒体纷至沓来。

（3）在荷花产业链上做"深"文章。

土壤问题则是做好现代农业的根本问题。要做到可持续和保护生态，优质的土壤是关键中的关键。为此，物种园坚持自己的理念不动摇。宣莲可以减产，但是土壤环境一定不能破坏。能不施肥坚决不施，能不洒农药一定不洒，而物种园采用的就是最原始最本真的古老方法：轮作水稻、油菜、玉米、甘蔗、红薯等半旱作物或旱作物，再进行绿肥还田。当然，油菜和水稻也给荷花物种园带来了另一块经济收入，如2019年有凤凰图腾的13.33公顷彩色稻田就给物种园带来了几十万的收益，可谓一举两得。

"天赐宣平黄金土，地育宫廷白玉莲"。荷花全身都是宝，又有"出淤泥而不染"的清高风骨和纯洁品质，荷文化便是柳城之魂，可谓底蕴深厚。以"宣莲之乡莲廉文化"为核心竞争力，将物种园建成一座集荷文化健康产业博览、宣莲科研育种、生态旅游、观光养生、廉政文化教育于一体的农旅融合综合性基地。

五、武义县生态农业发展的几点启示

20多年来，武义县生态农业的快速发展，是该县经济社会实现跨越式发展的重要组成部分。总结武义生态农业快速发展之路，作者认为有如下几点启示。

（一）主要得益于习近平总书记"两山"理论的指引

2005年8月，时任浙江省委书记的习近平同志考察安吉余村时提出："绿水青山就是金山银山"理念。他还指出："宁要绿水青山，不要金山银山""既要绿水青山，又要金山银山"[1]。武义县委忠实践行习近平"两山"理论，探索出一条农业生产可持续发展新路，实现生态农业与经济效益、社会效益相结合的战略目标。

---

[1] 宋鑫. 积极践行绿水青山就是金山银山理念[N]. 人民日报，2020-09-04（09）.

（二）主要得益于武义县委准确把握武义农业发展县情

20年前，武义县委根据武义后发型、外力推动型、环境差异型三大特征，提出并实施"工业强县、开发兴县、生态立县"的经济发展战略，武义县比较早并旗帜鲜明提出要走经济发展和环境保护有机结合的可持续发展道路。在实践中，武义县把南部山区定位为"满目葱茏"，重点发展生态农业和建立自然保护区。充分发挥生态环境好、无污染的优势，以柳城、桃溪、新宅等乡镇为重点，大力开发有机茶、无公害高山蔬菜、蚕桑等生态效益农业，打好武义农产品的生态牌，走特色经营、规模经营之路，达到生态富民的目的。

浙江是习近平新时代中国特色社会主义思想的萌发地。武义县探索出欠发达地区实现跨越赶超发展之路及其生态农业发展的实践无疑为习近平新时代中国特色社会主义思想的萌发和形成提供了鲜活的样本。

（三）主要得益于武义县委历届班子坚持不懈实施"生态立县"战略

从提出"生态立县"战略以来，已经过去20多年，历经8任县委书记，历届县委班子坚持"一张蓝图绘到底"理念，持之以恒把"生态立县"战略贯彻到具体经济社会发展实践之中。习近平总书记提出"两山"理论之前，武义县委率先实践"生态立县"战略及发展生态农业思路，体现了武义县委的政治自觉、理论自觉和政治勇气；在"两山"理论和"八八战略"提出之后，武义县委坚决贯彻执行，体现了武义县委的政治领悟力、判断力、执行力和担当精神。

武义县跨越式发展及其生态农业发展实践，是科学理论从实践中形成，又指导实践并在实践中进一步丰富发展理论内涵的生动案例。

六、武义县未来生态农业发展对策建议

（一）相关背景

1. 国外农业生态环境治理积累了丰富经验

欧美国家在近半个世纪中持续关注环境治理问题，特别是在土壤污染治理技术创新方面取得了较好的成就，积累了大量土壤污染修复技术及相关工程应用经验。这些污染土壤修复技术积累涉及生物修复、物理修复、化学修复以及联合修复技术，已基本形成较严密的体系。特别是在不同污染状态下的土壤和含水层治理工程应用方面取得了较好的实际效果。

2. 中国农林生态环境相关技术取得进展

经过中国相关部门和研究机构的多年努力，在农林生态环境技术方面已经取得了较大进步，正在逐步缩短与美国、日本、德国等相关技术先进国家的差距；在农业面源污染综合防治与控制、治理重金属污染状况、农业发展生态循环等方面已经与其他国家处于同一水平上；在恢复已退化的农林生态系统、建造新的典型生态农林系统、大型工程与气候变化对农林生态系统影响等方面的相关研究已基本处于世界先进水平。

3. 中国生态文明建设战略清晰

面对新时期农业绿色发展的需求，在中国生态环境质量改善态势良好的基础上，党的十九大专门部署了加强土壤污染管控和修复、推进绿色发展和生态文明建设、建设美丽中国的相关重要任务，并提出了战略要求。一是加强农业农村生态环境污染防治，重点开展农业面源污染综合防控、农田重金属及新型污染物有效治理理论，以及技术和机制的创新研究。二是着力推进绿色生产，加快研发绿色循环技术，提高农业可持续绿色发展能力。三是着力做好农林生态系统保育工作，构建基于生态学原理的典型山、水、林、田、湖、草、村健康生态系统。

（二）武义生态农业发展助推乡村振兴的对策建议

引导产业高质量发展，充分发挥武义县生态资源和环境优势，大力发展优质、健康、高效、生态、安全的现代农业，全面推进农业产业绿色化、特色化、品牌化、数字化发展，建设有机农业重要窗口，培育特色产业村镇，推动全产业链数字化改造，以"品字标浙江农产"品牌建设为抓手，提升整合区域公用品牌。

1. 建设有机农业重要窗口

（1）推进农业标准化。

一是全面推进农产品标准化生产。围绕农业新品种、新技术的推广，规范农产品生产标准，制订推广优势农产品标准化生产技术操作规程和绿色食品生产技术标准。修订集产地环境、农资使用、农业生产、加工技术、包装储运、检疫检验等标准于一体的农业标准及操作规程制度，形成符合武义实际、省内领先的农业标准化体系。加快推行食用农产品合格证制度，加大对绿色食品和有机食品认证的管理。

二是健全农产品质量安全监管体系。加强农产品质量安全保障工作，按照打造"有机农业第一县"的要求，加强农产品质量安全监测抽检，加大食用农产品合格证推行力度，进一步完善农产品质量安全监管体系，从源头上保障农产品质量安全。

（2）优化有机农业布局。

通过对武义县区位、交通、环境条件、经济发展特点、农业发展基础的分析，按照"特色化、规模化、标准化、专业化、品牌化、市场化"的原则，重点提升有机茶、有机中药材、有机食用菌等产业，引导发展有机水稻、宣莲等产品，鼓励发展有机竹笋、油茶、板栗等产品，适度发展有机水产、有机牛羊等畜禽产品。优化有机农业产业布局，建设有机农业生产、加工与物流基地，建立武义有机农业与现代农业融合发展新模式。

2. 培育农业产业特色村镇

（1）打造特色产业镇。

总结柳城宣莲、省级特色农业强镇、王宅和桃溪市级特色农业强镇建设经验，形成具有武义特色的农业强镇建设模式。以国家农村一二三产业融合发展试点县建设为契机，将主导产业、特色乡镇有机结合，引导各乡镇根据现状基础、资源禀赋、发展定位，围绕现代农业特色，优化产业发展布局，明确融合发展方向，以省级特色农业强镇的标准打造一批产业特色鲜明、主体培育多元、融合发展有效的特色产业镇。高标准建设白姆乡国家农业产业强镇。根据白姆乡特色主导产业，吸引资本聚镇、能人入镇、技术进镇，通过开发农业多功能，加快发展休闲、创意农业，促进生产、消费、体验互动，实现生产、生活、生态有机融合和农村、农业、农民统筹发展，打造国家农业产业强镇标杆。

（2）培育特色产业村。

推广柳城全国"一村一品"示范村（镇）经验，依托资源优势，选择主导产业，建设一批"小而精、特而美"的"一村一品"示范村。依托武义各地生态资源优势和历史文化内涵，因地制宜推进农业与旅游、文化、信息、教育、康养等深度融合，以农村产业融合发展示范园建设为抓手，突出原料产地、加工转化、农旅融合特色，建设一批乡村产业特色鲜明、产业融合、产村融合、城乡融合发展的特色村庄，形成一村带数村、多村连成片的发展格局。依托资源优势和产业基础，突出串珠成线、连块成带、集群成链，培育品种品质优良、规模体量较大、融合程度较深的区域性优势特色农业产业集群。

3. 发展"生态农业园+产业"

构建武义农业产业园发展体系。围绕茶叶、中药材、食用菌三大主导产业，以及粮油、宣莲等产业全产业链培育和全价值链开发，坚持一二三产业融合发展，通过规划管理、政策引导、资源配置、滚动推进，推动建成产业特色鲜明、加工水平高、产业链条完善、设施装备先进、生产方式绿色、品牌影响力大、农村一二三产业融合、要素高度聚集、辐射带动有力的现代农业园区。以园区为抓手，强化生产基地建设，大力发展农产品加工，深度促进农业与商贸物流融合，统筹推进农业规模生产、加工转化、品牌营销，促进产加销一体化、全环节升级、全链条增值，力争农业质量效益和竞争力大幅提升，农民持续稳定增收机制有效运行，将现代农业产业园建设成为带动武义主导产业转型升级的有效推手、高新农业技术的展示平台、现代农业经营和管理的模式样板、现代农业文化的展示窗口。

全面梳理武义现有农业园区发展基础状况，坚持区域化布局、差异化互补、特色化发展、多元化运营的原则，进一步明确园区发展定位，优化园区功能布局。按照区域产业特点显著、园区规模中等偏上、功能布局系统齐全的标准要求，建设1~3个"大而全"错位化发展的综合型园区。按照园区规模中等偏下、单一产业特色鲜明、产业链条充分拓展的标准要求，打造一批"小而精"特色化发展的精品型园区。健全多元化园区发展运营体系，鼓励有条件的园区运营主体由园区生产商向园区运营商转型，有效避免园区的同质化发展，全面提升新区农业园区的发展水平。

4. 强化农业品牌运营管理

（1）做强"武阳春雨"茶公用品牌。

深入推进"区域品牌+企业品牌+产品品牌"战略，打造一批武义农产品旗舰品牌。大力宣传和自觉维护品牌质量和形象，提升"武阳春雨""宣平小吃""寿仙谷""更香""乡雨""骆驼九龙""雅绿"等农产品公用品牌和企业品牌的影响力，采用品牌产品推介会、展销会、产品标识、统一包装等形式宣传品牌，壮大品牌声势。

（2）做响武义农产品品牌。

实施品牌孵化、提升、创新、整合、信息"五大工程"，引导新型农业经营主体，大力发展"三品一标"农产品，支持做大做强"桐琴蜜梨""武义宣莲""武义铁皮石斛"等地理标志产品，扩大"寿仙谷""更香""乡雨"等企业品牌影响力。以"品字标浙江农产"品牌建设为抓手，强化运用市场监管手段和品牌运营措施，着力打造优质、安全、绿色、科技含量高、市场竞争力强的"品字标"区域公共品牌，打造"武义大米""武义高山蔬菜""武义中药材""武义香菇"等"叫得响、过得硬、走得出"的武义农业品牌。

5. 加快数字农业转型发展

（1）农业生产数字化。

一是建设数字田园。推动智能感知、智能分析、智能控制技术与装备在茶叶、中药材种植和食用菌栽培上的集成应用，建设环境控制、水肥药精准施用、精准种植、农机智能作业与调度监控、智能分等分级决策系统，推进生产经营智能管理。依托省重点研发项目《茶园关键生产环节智能化作业装备研发与应用示范》，加强茶园智能化装备基础研究，提升茶园管理设备智能化水平。

二是建设数字工厂。在茶叶生产方面，推广应用抹茶自动化生产线，实现抹茶生产、初制、销售等环节全程数字化控制，配置生产过程质量管理设施设备、质量追溯系统，实现生产全程监控和产品质量可追溯，配置自动化清洗、分级、包装、扫码、信息采集等设备，提升采后处理全程自动化水平；在食用菌栽培方面，示范建设有机香菇周年化出菇大棚，实现食用菌栽培全程数字化控制。

三是建设数字养殖牧场。推进畜禽圈舍通风温控、空气过滤、环境感知等设备智能化改造，集成应用电子识别、精准上料、畜禽粪污处理等数字化设备，精准监测畜禽养殖投入品和产出品数量，实现畜禽养殖环境智能监控和精准饲喂。加快应用个体体征智能监测技术，加强动物疫病疫情的精准诊断、预警、防控。推进养殖场（屠宰、饲料、兽药企业等）数据直联直报，构建"一场（企）一码、一畜（禽）一标"动态数据库，实现畜牧生产、流通、屠宰各环节信息互联互通。

（2）农业经营数字化。

一是多层次培育农村电商主体。鼓励知名电商平台发挥战略合作伙伴作用，采取减免平台入驻费、降低手续费等形式吸引当地优质农业企业开设地方特产馆或农产品旗舰店。支持各类新型农业经营主体利用电商渠道，发展直采直供、冷链配送、社区拼购等新型业态，促进生产端与快递物流端、电商销售端紧密对接，提高优质特色农产品市场竞争能力。引导电商、物流、商贸、金融、供销、邮政、快递等各类电子商务主体到乡村布局，构建农村购物网络平台。依托农家店、农村综合服务社、村邮站、快递网点、农产品购销代办站等发展农村电商末端网点，形成多层次、全覆盖的农村电商主体架构。

二是引导特色农产品"产加销"数字化集成。以龙头企业为引领，加大数字技术在全县农产品的种养殖、加工、销售等环节的渗透和应用，打通农业生产产前产中产后全过程信息流。在流通环节，鼓励农副产品批发市场合理运用现代信息技术，强化"农批零对接"模式，与产地建立更紧密的产销衔接关系，扩大电子化结算覆盖率，提升农产品出村进城流通效率；推进"电商+特色农产品"销售，为特色农业生产销售提供智能化高收益的综合解决方案，加快扩展全省乃至全国消费市场。

第七章

超市经济为武义乡村振兴提供产业支撑

"超市经济"是武义经济发展过程中一张响亮的名片,对于促进武义的乡村振兴起重要作用,在一定意义上为武义乡村振兴的起步提供了坚实的产业支撑。

20世纪90年代末,武义县三港乡、大溪口乡、柳城畲乡等6个南方山区乡的农民勇敢地走出了"山野",踏上了"码头"的征程。他们首先在苏州市、常州市、昆山市开设了超市,迅速致富后,又带来了亲朋好友,在发达地区掀起了超市浪潮。据相关数据统计,已建成超市1万多家,有2万多人进入超市行业工作。2013年,武义县被评为全国唯一的"中国超市之乡"。2020年,销售总收入达600多亿元,被称为农民"超市经济"现象。这为快速增加农民收入、推进农民非农化和城市化步伐,开创了一条良好的途径,超市经济成为武义县除工业之外最大的产业,也成为南部群众增收致富的最主要渠道[①]。

---

① 汪旭莹,章馨予. 武义"超市经济"三十年 闯出共同富裕路[N]. 金华日报,2021-05-31(01).

一、武义"超市经济"发展的基本情况[①]

武义县南部的 6 个山区乡镇是位于浙江省瓯江源头的 100 个欠发达乡镇。长期以来，由于自然条件差、资源匮乏、交通末端位置等因素，经济发展严重滞后，农民历来的主要收入来源都是传统农业，生活条件较困苦，各种社会矛盾非常突出。也零星有一些群众外出打工，或做装修、水泥等生意。最早走出去开超市的是三港乡双村村民。张仁平所在的曳源村双村自然村（土名老鼠窝自然村）与丽水交界，几个相邻的丽水村庄都有村民学温州人外出做生意，到苏南等发达地区经商。当时 20 多岁的张仁平有一个丽水的表姐夫在江苏省昆山市开超市。受生计所迫，1995 年的上半年，他从家人和朋友那里借了 2.2 万元，来到昆山市。在表姐夫的帮助下，他花了数千元在昆山经济开发区租了一家面积约 20 平方米的小商店，跟着表姐夫去批发市场买了一批日用商品和食品，折腾到当年 10 月，开起了一家名为恒达百货的杂货铺（小超市）（见图 7-1）。由于当时昆山市的城市和开发区都在迅速扩张，外来人口急剧膨胀，类似的小超市等服务业又很少，一开张生意就很好，甚至经常出现排队买东西的现象。2.2 万元的投资几个月就收回了成本，一年时间就净赚了 7 万多元。一年赚 7 万多元对一个贫困山区的青年农民来说是不可思议的事。还清债务后，他立即把所有的钱都投资起来，开了一家比之前更大的超市。这样，就像滚雪球一样，公司年收入超过 7 万元、10 万元、30 万元，业务持续增长。张仁平的三个兄弟看到他赚钱了，到他店里考察之后，在张仁平的帮助下也先后于 1995 年和 1996 年，借钱在昆山市开了一家超市，很快就赚了第一桶金。四兄弟开超市发财的故事很快传遍了他们的朋友和邻居。在四兄弟的热心帮助下，亲朋好友和村民纷纷效仿，在昆山市开了几十家超市，迅速致富。因此，在彼此的推动下，邻近村庄的农民都试图筹集资金，在苏南开设超市。特别是自 1998 年以来，

[①] 资料来源：笔者调研所得。

武义县南部的三港乡、西联乡、大溪口乡、坦洪乡、柳城畲镇、桃溪镇等地出现了超市开业热潮。在许多村庄，大多数年轻人都去开了超市或在村民经营的超市里工作。武义超市的发源地曳源村只有64户人家，几乎家家都在外经营超市。当年张仁平、张建平兄弟的超市"星星之火"已成燎原之势。

图7-1　恒达百货的杂货铺（小超市）（张仁平　供图）

分布区域迅速扩张。武义超市迅速扩展到昆山市、苏州市、南京市、常州市、张家港市、江阴市、吴江市、无锡市等江苏省市县，以及长三角其他发达地区和北京市、山东省、河北省、安徽省、黑龙江省、甘肃省、湖南省、云南省、陕西省等20多个省市（本省则经营覆盖宁波市、绍兴市、台州市、义乌市、东阳市、永康市等多地）。据初步统计，2004年昆山市约有武义人2000人，一定规模的超市300多家，加上一些刚开业的小超市，一共400多家。常州市有2000多名武义人和500多家的超市，苏南其他大多数城市都有50~100家武义超市，几乎垄断了苏南小超市的市场。聚集在苏南所有日用商品批发市场的人群中，很大一部分是进货的武义超市老板。市场上经常能听到武义超市老板在交流经营经验时说的"宣平话"。

超市规模不断壮大。由于经营有方，经过多年发展，武义超市的规模在不断壮大，许多人已从创业开始的几十平方米的"夫妻店"，完成了原始积累，发展到中型乃至连锁的现代化超市。经营店铺面积也不断增加，达1000~5000平方米，并且从郊区向市中心闹市区发展，逐步实现了超市的"转型升级"。许多超市老板一人就开着几家投资50万元甚至100万元以上的中型超市。一批超市老板已积累了几百万甚至千万以上身家。有了资金积累之后，许多人往其他行业发展。三港乡三港村的范忠林1996年18岁时考上大学未去读，凑了2.4万元，到上海市浦东新区开小超市，迅速发展壮大，先后开过36家大小超市，最多时一人同时开着7家中型超市。积累了几百万资金后，从1999年开始，看到批发市场的前景，在上海成立了一家商贸公司，做起了一级批发生意，公司2003年的年销售已达7000万元，2020年更是达到10亿元以上。从2.4万元起家，短短几年资产已达几千万元，并逐步向酒店、娱乐行业发展。三港乡张仁平、张建平兄弟4个经营大中型超市30多家，每天净利润几十万元。大溪口乡潘法文共有4家中大型超市，2003年收入已达1000多万元，目前有10余家大型超市，年收入达5000万元以上。超市经营年纯收入达1000万元以上的业主有50人以上，最大的几个业主年纯收入达5000万元以上，年利润超过许多工业企业主。随着超市业的发展，在南部山区乡镇，已涌现了50多个"超市专业村"，三港乡的曳源村、章湾村等经营超市农户已占总农户数的80%。

武义县南部6个乡镇的人口总数为67844人。原本穿着草鞋、解放鞋，在山头田头砍柴、伐木、干农活的山区纯农民，脱下"草鞋"，半年至一年左右直接就成为一个西装革履的"超市老板"。就在世纪初的2004年，我到苏南调研时，在苏南等地已开办武义超市达2000多家，纯收入约2亿元，当时就已超过了武义全县几万农民百年种植经营的10万余亩茶园的年产值。2020年更是达到1万余家武义超市，吸收武义南部山区群众就业2万余人，销售600亿元，纯收入50亿元以上[1]。

---

[1] 汪旭莹，章馨予. 武义"超市经济"三十年 闯出共同富裕路 [N]. 金华日报，2021-05-31 (01).

二、武义"超市经济"成因分析

武义南部山区农民外出闯"码头",开办超市的势头之猛,规模扩张之快,效益之好均出人意料。分析武义"超市经济"背后的成因和文化渊源,我们感到有以下几个方面的内在因缘。

(一)武义南部山区群众具有敢闯敢干的朴素的商贸精神基因

一群落后山区文化水平很低的贫困农民,来到经济那么发达的苏南地区,通过短时间的奋斗,开个小超市,马上比占尽天时地利的充满优越感的当地一般市民还富裕,许多还雇着当地人为自己的超市打工,这是一个很难解释的经济现象。

苏南地区紧依上海,受上海经济辐射,加上当地政府招商,外资企业大批涌入,经济快速发展,人口迅速增加,零售业的商机很大,而当地人受传统耕读文化的影响,加上田地多而且旱涝保收,过惯了安逸的日子,喜欢上上班、打打工、喝喝茶,很少有人会去冒险做生意。因此当地外资企业云集的工业园区奇缺超市等配套服务。

武义县南部地区6个乡镇都处于瓯江的源头,民俗和文化传统与地处瓯江入海口的温州等地一脉相承,属于1962年撤县的老宣平县区域。柳城畲族镇古时有小码头和"排行",历史上温州商人沿水路乘竹筏可直接到柳城,将各种海产品等货物运上来贩卖,甚至在当地定居,许多山区农民的祖先就是温州人。而武义县南部地区群众将山货、木料顺水而下直接卖到温州、丽水等地。受温州人的影响,南部山区的农民有着相对较强的商品意识和敢闯敢冒险的开拓精神。这些农民走出之前都带走了家里所有的存款,并且想尽了办法向亲友、信用社借贷,甚至借了2分以上利息的高利贷,可以说是背水一战,没有退路。相对于苏南当地"安分守己"的百姓来说,浙江山区的贫困农民也是精明而且敢冒风险的准商人。否则就无法解释一帮山民凭借身上两三万元的所谓"资本",就都能在短时间之内在当地闯出一番让本地人也羡慕的事业。有些经济学家说浙江是个天然的"老板"省,其他省输出的是煤炭、劳务,而浙江输出的却是"老板""准老板"。武义南部山区农民在苏南成就的"超市经济"也充分说明了这一点。

(二)政府积极引导扶持

为积极扶持超市经济的发展,使开办超市外出经商成为全县农民一条快速致富的新路子,武义县委、县政府对超市经济采取了许多有针对性的激励措施,出台了相关扶持政策。2004年,武义县委县政府在考察调研之后,成立了武义超市协会(见图7-2),并陆续在武义超市最集中的昆山市、上海市成立了武义商会和商会党支部,为当地武义经商人士提供一个交流平台,促进行业内团结协作,加强与当地社会各界的沟通交通。同时,武义县政府建立了超市经济服务中心,并邀请专家帮助农民创业创收。2004年,县委组织团队到昆山市等地调研之后,了解到当时超市经济发展遇到的主要问题是许多超市老板急需资金扩张超市规模。县委县政府就责成武义县信用联社等银行推出金融产品,专门用于扶持超市经济发展。随后,政府、银行和企业共同为超市设立了5亿元的"信义贷",能给每个超市业主提供高达300万元的贷款。这一举措极大地推动了超市经济的快速扩张。武义县还启动了"互联网+超市+产业链"的项目,通过网络公司搭建平台,挖掘"本土供应商",吸引超市加入,打造"一体化、集中化、统一化"的线上线下供应链体系。大约有5000多家的武义超市加入平台,杭州市4万平方米仓储配送基地投入运营,超市年成本下降1亿多元。武义县政府还长期免费开展超市店长、营业员培训班,特别是对第二代超市和大量"80后""90后"超市的接班人进行了培训,一批视野开阔的专业经理人再次推动了超市管理水平的有效提升(见图7-3)。到2020年底,武义超市已培训员工10多万人,县外超市员工平均工资已达到县农村居民可支配收入的3倍以上。在武义县草根创业者的眼中,这一职业已经成为"香饽饽"。2012年,县委、县政府还出台了《关于促进武义超市经济发展的若干意见》,为武义

图 7-2　武义县委组织四套班子领导到昆山市开展调研（金中梁　摄）

图 7-3　超市从业人员培训（金中梁　摄）

超市发展注入了更多活力。超市业主张建平作为南部山区农民的致富带头人，得到了群众的交口称赞，连续多届当选为市县两级人大代表。为加快超市人才回流，武义县政府设立了"超市经济"地方综合贡献奖，并对统计范围内的超市总部企业颁发了丰富的地方综合贡献奖。在超市业主回乡季节，举办了以脱贫攻坚、乡村振兴为主题的政策恳谈会，邀请当地乡贤为家乡建设问诊把脉，提出建议，为家乡建设做出贡献，或者通过人才协会、超市和乡贤会来鼓励乡贤回乡投资创业。

（三）不畏艰辛的创业精神

武义县南部乡镇的群众一直就有吃苦耐劳的传统，只要有活干有钱赚，什么苦都能吃。前些年，大溪口乡就有很多群众到长广煤矿辛苦挖煤，一个月只能赚几百块钱。现在他们又离家到一个人生地不熟的地方，靠一点可怜的"资本"，"白天当老板，晚上睡地板"，开出一个小店并生存下来，快速发展壮大，其中的艰辛可想而知。如今有上亿资产的张建平四兄弟，当年刚到昆山市创业时就睡过马路，铺张报纸睡地板更是家常便饭，这种吃苦耐劳的创业精神也是产生"超市经济"的内在因素。

（四）特别紧密朴实的团队意识

在调研过程中，有一点印象很深，就是武义县南部山区的群众因南部瓯江水域特别的地域文化，在他乡特别注重亲情、乡情，有很强的团队意识，大家能拧成一股绳，共同创业。生意上相互协作，或合作办超市共同把生意做大，有什么困难相互帮助解决。先富起来的"武义超市人"不仅不收品牌加盟费，还无私地向一窍不通寻求帮助的老乡们传授经验，武义人以敢为人先的奋斗精神开创了超市商帮经济的先河。谁新开一家有一定规模的超市，开业前3天，附近100千米内的"宣平"超市老板全部会带着自己3~5人的小团队免费上门帮忙。平时有什么生意经验立即相互交流，并尽可能避免在同行和同乡之间引起恶性竞争，看见老乡已在某地段开了超市，一定距离内就不再去开，以免恶性竞争。特别是已经在外地立住脚的超市老板，对刚出来闯、想开超市的亲戚朋友的帮助，真是做到了无微不至：长时间提供免费吃住、帮助找店面、拆借资金等，不厌其烦，一直要帮忙到超市开张营业，成长壮大。苏南当地人评价说，武义南部的"宣平人"很像以团队精神出名的温州人。没有这种团队意识，武义人的超市经济绝不可能发展得这么迅速。

（五）厚道守信的地域人品信誉

愿赚大家不愿赚的钱，愿吃大家不愿吃的苦，吃苦耐劳是一个方面，更关键的是要靠精明的商业头脑和诚实守信的信誉立足。武义超市选择的地点主要是工业园区、居民区、高教区以及城市近郊区等消费人群集中的地方，顾客主要针对城市打工仔、蓝领阶层，超市内所选的日杂用品针对性极强，讲究物美价廉、经济实用。另外，武义超市业主都能坚守诚实守信的商业美德，遵守当地法规秩序。这一点跟武义县南部山区群众淳厚朴实的民风有直接的联系，南部山区群众朴实厚道守信，历史上一直被外地人称作"宣平老实"。这些"老实人"经营中能做到诚实守信，童叟无欺，所以很快得到当地政府支持肯定和群众的认可欢迎，迅速融入当地社会。

（六）江苏等当地开放兼容的良好营商环境

苏南当地的政府十分开放和兼容，营商环境非常宽松。当地政府把武义的小超市当成工业园区建设和城市扩张所必需的配套服务项目来欢迎，"本地人不愿干不会干就让浙江人来干"。苏南外商经济极为发达，本地个私经济发展迟缓却是他们的"短腿"，当地政府甚至主张引进浙江的个体老板，激发当地人自主创业的热情，去刺激当地个私经济发展，就像武义县提出的让永康人来刺激武义人产生"鲶鱼效应"。正因有这样的商业环境，武义县这些农民"准老板"才能落地生根，创业生财。

三、"超市经济"对武义乡村振兴的作用

超市经济为武义县的发展,特别是武义南部乡镇的转型发展,具有重要的作用,对相关农村社会所带来的良好效应是综合的,涉及各个方面,而且这些变化都具有革命性的意义。

(一)开创了一条山区群众快速致富的道路

据笔者调查统计,超市业主的平均收入达 80 万元以上。外出到超市打工的村民年收入也达 10 万元以上(因为从本地带出去的亲友稳定可信,老板给的工资更高,大部分还有给股份的,年股金分红 10 万~20 万元)。许多村庄绝大部分青壮年劳动力都通过开超市迅速实现了脱贫致富,一大批出去较早的超市业主年收入在 500 万元、1000 万元以上。大部分超市业主在当地或在武义县城购置了商品房、别墅、商铺和豪车。许多原本极其贫困的山区村庄如果把超市收入全部统计进来,人均收入已经非常高,甚至比许多武义北部平原村庄还要高许多。

(二)"小超市"发展成为一个新兴"大产业"

在一个人口仅 6.7 万人的区域,有 2 万余人在从事着超市这个行业,这一经济现象并不多见。小超市投资小风险小,只要肯吃苦肯定有钱赚,在武义县南部山区已形成共识,正有许多人在准备从事这个行业,经营的区域也从一个地区向其他省、市扩散。随着全国各地经济的快速发展,"小超市"发展的空间将十分广阔。超市经济是武义南部群众增收致富的支柱产业,也是武义县工业之外最大的特色产业。

（三）革命性地转变了群众的生产生活观念

武义县相较于周边的一些城市，耕地较多。因此，武义人（特别是北部地区群众）的"恋乡情结"比较突出。南部山区农民大胆走出去寻找致富门路的成功经验，是对传统农耕文化的一次巨大冲击。许多山区农民怀揣东凑西借的几万元钱来到苏南城市，自己摸索着做起超市生意，接触各种新事物，通过一年半载的锻炼，摇身一变就成为满口生意经的小老板。他们的收获绝不仅仅是金钱，而是全方位的提升，外出闯"码头"，直接到商业市场中去"游泳"是对农民素质最好的培训提升。南部山区贫穷的"宣平老实"，能闯出这么一条改变自己命运的道路，这使许多北部群众在良好的自然条件下长期形成的相对传统保守的观念也受到强烈冲击，从而激发他们产生了新的创业热情。

（四）革命性地转变了社会风气，维护了农村稳定

外出开超市后，见多识广了，这些青年农民把心思都放在经营超市赚钱上，一心想着自己的"大生意"。留在村里的都是走不出去的老人。小伙子们当超市老板去了，姑娘们到超市打工去了，平时村子里看不到年轻人。三港乡曳源村年轻人走出去了，村支部书记开玩笑说自己是个"老年人的书记"。村民有了钱，社会风气得到根本性改善，没有人再去为家里的墙头、山头、田头的小事斤斤计较。年轻人口袋实了，对长辈也就更孝顺了，定期寄钱回家孝敬长辈。上访、吵架的现象几乎没了。社会很不稳定的柳城畲族镇近几年来也因人们的生活有了好转而逐步稳定下来，一些"超市村"的支部书记说，村支书比以前好当多了，一年下来没有什么大的纠纷。

（五）为武义工农产品找到了一个新的外销窗口

据调查，武义的产品如正点蚊香，在苏南地区的市场占有率原本很低，当地人只认可当地企业生产的蚊香，但前两年正点蚊香与武义超市挂钩，超

市老板都把来自家乡的正点蚊香放在店里显眼的位置，积极推介武义的产品。目前，已经成功改变了当地群众的消费习惯，正点蚊香在苏南地区的销量大增，正点公司专门在苏南设了总代理。武义的农副产品、一些家用型的工业产品，借助武义超市平台向广大消费群体进行展示推介，为武义各类产品开辟了一个全新的销售渠道。例如，"易家福""万客隆"等几家大型连锁超市都有武义产品区，从茶油、宣莲、茶叶等农产品到保温杯、扑克、蚊香、文具等日用品，还有100种左右的武义县本土特产品，通过武义超市平台摆上货架（见图7-4）。据相关统计，目前仅长三角地区就有数千家武义县特产专柜。武义超市每年销售数亿元本地产品。同时，这些超市也间接成为武义人免费推荐的旅游窗口。近几年来，武义县大部分超市积极打造新的旅游广告窗口，通过设置广告展示窗口、更新旅游地图、兑换旅游门票、结合商家庆典活动等方式，将顾客转化为游客，刺激武义旅游消费。目前，以武义超市为主的长三角地区已成为武义最重要的旅游资源。上海市、苏南等地的居民通过超市不断了解和进入武义县，促进了武义县旅游业的可持续发展。

图7-4 超市中的武义特产（金中梁 摄）

(六) 加快了农民非农化，保护了南部生态环境

这些在其他城市发家致富的农民中，许多人已在当地城市或在武义县城购房，脱下"草鞋"换上"皮鞋"，成为一个地道的、有良好生存能力的城里人，绝大部分人不可能再回到老家山村去生产生活，自发地加快了城市化的步伐。还有许多超市业主资金积累到一定时候回武义创业，就像当年"鸡毛换糖"的义乌人和"磨剪子，补铜锅"的永康人回乡创业一样。据不完全统计，目前广大超市乡贤先后对接武义投资项目300个，涉及中药材种植、民宿农庄、小微企业创业园等方面。资金回流的同时，人才也在逐步回归，100多位超市乡贤回乡任职，带动了乡村旅游，促进了村民就业[①]。另外大批农民走出深山迅速非农化之后，老家许多山地和山田已自然退耕还林。以往一帮穷山民守在家里一天到晚挂念着本村、邻村甚至邻县山上的那几棵杉树，想方设法半夜去砍来换成钱。现在上山盗伐树木的人几乎没了，生态环境得到了根本性保护，良好的生态又成为观光体验游的良好旅游资源（见图7-5）。

图7-5 生态修复后的武义南部风光（金中梁 摄）

---

① 资料来源：笔者调研所得。

从某些角度看，超市经济所带来的对农村的许多综合效应，并不亚于已经成功实施多年的武义工业园区建设和下山脱贫所带来的效应，"超市经济"对农民致富脱贫、思想观念、非农化等的转变都更加彻底而且迅速，而政府投入的人力和物力却相对要少得多，几乎没用武义政府投入一寸地，许多"超市村"已自发解决了长期困扰的"三农"工作中的大部分问题，走出了乡村振兴的独特发展之路。

第八章

凝练经济发展支柱
引领武义走向共同富裕

县域经济发展的核心问题始终是主导产业的选择问题，面对乡村振兴的远期目标——实现共同富裕，武义县委县政府始终从武义实际出发，经过多年探索，逐渐形成了两大经济支柱，一是发展壮大武义旅游产业，二是完善提升工业园区建设。

一、武义旅游产业发展分析

（一）旅游业是欠发达地区经济新沸点

1. 旅游业是21世纪的"黄金"产业

旅游业，是指为旅游者服务的一系列有关行业，其产品由住宿业、旅行业、饮食业、交通运输业、旅行用品业以及土特产业等多项产业共同提供和构成，是一个跨多领域、多部门的新兴产业。

中国旅游产业发展大致经历了四个阶段：（1）1978~1988年的外事接

待期；（2）1989~1994年的大众观光启动期；（3）1995~2015年的大众观光成长期；（4）2016年开始，是全域旅游、大众旅游发展期。

2. 欠发达地区发展旅游业的优势

一般来说，我国的先发地区在经济发展过程中，由于过于追求发展速度和利润的最大化，往往走"先发展，后治理"的路子，以牺牲环境为代价来加快经济发展，加速完成资本积累。这些地区的生态和历史人文资源往往遭受严重破坏。

而欠发达地区一般地处山区、河流源头，生态资源特别丰富，而且由于工业化步伐迈得较慢，自然生态和人文生态保持相对完好。欠发达地区的"原始"与"落后"恰恰成了非常好的旅游资源，成为发展旅游业的强大优势。

3. 欠发达地区发展旅游业的综合效益

（1）大力发展旅游业，可以带动欠发达地区经济的整体发展，提升旅游业的整体效益。

相对于工矿业等传统第二产业而言，旅游业具有明显的投资少、见效快、回报率高、限制因素少、市场潜力大等多方面的比较优势和开发价值。同时，旅游业具有关联度高的产业特征，旅游业对一二三产业均具有巨大的带动作用。据世界旅游组织测算，旅游业每直接投入1元，与其相关行业就可增收4.3元；旅游业每直接就业1名人员，就能带动社会新增5个就业机会。因此，加快旅游开发，大力发展旅游业可以为经济欠发达地区带来"一业兴，百业旺"的乘数效应，旅游业的综合效益十分可观。

（2）可以解决经济发展和环境保护的矛盾。

从国内外经济发展的经验看，经济发展与环境破坏是一对绕不开的孪生兄弟，处理不当就会进入"经济发展—环境破坏—环境修复—经济衰退—经济发展—环境破坏"的死循环。旅游业是以生态环境为主要资源，在本质上与环境保护有着内在一致性的产业，是资源节约型和可持续性发展的产业，被学者誉为"无烟工业"的产业。只要规划和保护工作做得好，合理开发和利用资源，旅游业将是"人与自然和谐"的时代要求中"产业与环境互利"的双赢产业,也是经济欠发达地区在资源开发中可以大大减轻经济发展对自然环境压力,克服生态脆弱劣势和有效利用资源的最佳产业选择。也就是说,欠发达地区大力发展旅游业,可以很好地解决经济发展和环境保护的矛盾。

(3) 有利于塑造和提升一个地区的良好形象。

旅游业以旅游资源为依托、以旅游设施为条件,通过旅和游串联了吃、住、行、游、购、娱六要素,为游客提供综合性的服务。由于其超越一般意义上的产业,从而形成具有多元复合、多重经济属性的产业生态集群,因此必然对区域发展形成巨大影响,进而提升一个地区的良好形象。首先,旅游业具有鲜明的流量经济的特性,它不仅把游客从客源地吸引到目的地,从而形成巨大的消费聚集,带动区域消费经济发展,繁荣地方经济,而且由于旅游流量经济的特性,也会带动各地的文化交流和贸易往来,具有很强的行为交叉性和产业融合性,由此能创出新的产业业态。其次,旅游业是典型的现代服务业。大力发展旅游业对一个城市的服务业水平、服务环境和服务人员的素质提升具有强大的倒逼作用,进而提升区域的服务意识、文明素质和改善基础设施、地区风貌,最终起到提升区域整体品质的效果。最后,旅游业也是一种文化经济。文化是旅游的灵魂,发展旅游有利于激活一些在当地被埋没和即将消逝的物质和非物质文化遗产,吸引大量游客消费,提升地区美誉度。

(二) 武义县旅游资源分析

武义县地处浙江中部、金衢盆地东南,周边与永康市、缙云县、丽水市、松阳县、遂昌县、金华市、义乌市等县市相邻。东西宽 50 千米,南北长 59 千米,总面积 1577.2 平方千米。地势南高北低,呈"八山半水分半田"的地理格局,历代武义县志皆记称为"岩邑"。气候属中亚热带季风气候,四季分明,温和湿润,雨量丰沛。

1. 华东一流的温泉资源

武义温泉的形成特点,为大气降水渗入地壳断层 5000 ~ 8000 米的深处,与地下热岩体接触后，经过 20～30 年的渗透，最终转移到地表。所以，地热资源主要集中于武义北东、北北东向构造断裂及其围岩破碎带中，循环深度深，时间周期长，矿物质丰富。这一区域，也成为浙江省地热资源最为丰富的地区之一。

经浙江省国土资源厅储量备案登记，武义北部温泉资源可开采总量每天约为 24150 立方米。仅溪里温泉单井涌水总量就达到了每天 4960 立方米。

2. 独特的自然风光

武义县的自然环境缘于其地层和地质结构。经过历史演变形成武义、宣平两个盆地和钱塘江、瓯江两大水系。武义县境内丘陵、山地分属仙霞岭、括苍山脉，海拔千米以上的山峰有 79 座，最高峰为海拔 1500 多米的牛头山。境内水源丰富，较大河流有武义江和午溪，分属钱塘江和瓯江水系。武义自然山水景观秀丽多姿，西北部山峦层叠，坡陡谷深，东南部山势磅礴，丘岗起伏，从而构成了多姿多彩的山水自然景观。

武义生态旅游资源丰富。境内自然生态保持良好，全县拥有国家级森林公园、省级自然保护区 10 处，森林面积 11.58 万公顷，森林覆盖率 74%，79% 的地表水达到 Ⅱ 类标准，空气质量优良率 90%。野生动植物资源丰富，有野生动物 265 种，其中国家 Ⅰ 级保护动物 4 种，Ⅱ 级保护动物 32 种；野生植物 656 种，珍稀濒危植物 24 种，其中国家二级以上保护植物 11 种[1]。

3. 丰富的历史人文古迹

武义县历史悠久，人文古迹星罗棋布，并且大都保存完好。有国家级重点文保单位 3 处（延福寺、俞源明清古建筑群、吕祖谦及家族墓），省级 10 处，县级 64 处。主要古迹概括地说有"一桥"（熟溪桥）、"两村"（俞源太极星象村、郭洞古生态村）、"三寺"（延福寺、明招寺、台山寺）、"五大历史名人"（叶法善、阮孚、吕祖谦、刘伯温、潘漠华等）。

---

[1] 武义县人民政府. 武义概况 [EB/OL]. [2022-7-28]. http://www.zjwy.gov.cn/col/col1229184745/index.html#.

4. 浓郁的民俗风情

武义县以汉族为主，有少数民族8个，其中畲民万人，聚居在柳城畲族镇。历史悠久的畲族，有着丰富的民族风情，独具特色的畲族民歌。婚姻、丧葬等传统节目的习俗，都保存着本族特色。服饰、生活习俗、信仰，也依然展现着古老的传统。

武义县已获批有中国传统村落12个，国家级历史文化名村2个，省级历史文化名村4个。入选国家级非物质文化遗产代表性项目名录2项：俞源村古建筑群营造技艺，武义寿仙谷中药炮制技艺；省级非物质文化遗产名录13项。

总而言之，武义县的旅游资源功能齐全，又具有地方特色，作为一个整体产品推向市场具有相当吸引力，开发潜力巨大，非常适合开发休闲、度假等特色旅游产品，满足国内旅游业产品结构调整的需要。武义旅游资源的缺点是布局过于分散，整体开发投资规模巨大，作为一个欠发达县，旅游开发资金瓶颈制约尤为明显，开发难度较大。

（三）武义旅游产业开发过程

1. 起步探索阶段（1998～2002年）

作为一个旅游资源比较丰富的欠发达县，武义县早在1990年就着手开始旅游开发，但由于理念和资金问题直到1998年上半年一直未形成旅游产品。1998年之前武义没有真正的景点，也没有真正的游客。因此，笔者提出在武义县发展旅游，不少机关干部甚至部分县领导思想也不统一。1998年武义县委县政府调整工作理念，想方设法统一干部思想，利用资源优势发展旅游业。

自1990年至1998年7月，武义县用8年多时间做旅游开发的基础工作。1995年10月，温泉山庄（一期）建成对外营业，接待首届"中国·武义温泉节"来宾。1997年12月，经省政府批准建立浙江省武义温泉旅游度假区。1998年7月3日，郭洞景区建成对外开放，引来真正意义上的游客，武义旅游才进入产业起步阶段。1998年7月，郭洞景区正式对外开放，10月俞源景区初步建成对外开放。1999年7月，寿仙谷景区对外开放。石鹅湖、台山、小黄山也在此前后进入开发建设。

2. 加速推进阶段（2002～2012年）

2002年9月，溪里温泉取水工程通过验收，10月1日温泉浴吧建成开放标志着武义县旅游业发展进入一个全新的阶段。至此，人们期盼已久的温泉，终于从地下300多米处汩汩上涌，温润八方游客。2003年，武义县完成清水湾温泉度假区前期招商，武义工业企业荣达公司投资旅游业。同年10月1日清水湾温泉度假村全面建成正式开业。2004年9月，牛头山国家森林公园保护与开发工作启动。2006年5月，大红岩景区正式对外开放。2007年10月，牛头山国家森林公园对外试营业。2007年，武义县党代会提出了"旅游富县"的发展战略，进一步确立了旅游业作为第三产业的龙头地位。乡村旅游和农家乐在各地蓬勃兴起，2007年全省农家乐现场会在武义召开。2008年实施旅游创强。2009年，按照浙中城市群错位发展的要求，立足武义资源禀赋，明确了"打造中国温泉名城、构建东方养生胜地"的总体目标。2010年武义被命名为浙江省旅游经济强县。2011年入选浙江省旅游综合改革试点县。

3. 发展提升阶段（2012年至今）

2012年，提出"生态景区全域化"发展思路，着力打造县域大景区。2012年武义县被国土资源部命名为"中国温泉之城"。2013年，郭洞古村落和温泉度假区被列入省农业厅、省旅游局联合宣传推广12条休闲农业观光游精品线路之一的"花卉温泉风情游"。2014年，规划总长约120千米，连接河流、公园绿地、自然保护区、风景名胜区、历史文化古迹和城乡居民区的休闲绿道基本建成，成为全省首条田园休闲绿道。随着美丽乡村精品村建设的推进，武义率先提出全域化旅游理念并付诸创建实践，全力打造最美山水温泉名城。2015年，"温泉小镇"成功入选浙江省首批37个特色小镇创建名单。

"十三五"期间，武义大力推动乡村旅游发展，农家乐增至251家，一水间、青枫谷、阳春山居、梁家山等10多家精品民宿相继开业。全县各种"旅游+"融合新业态蓬勃发展，成功创建1个中医药文化养生旅游示范基地，3个全省工业旅游示范基地，1个省级文化旅游示范基地。2019年，牛头山"梦温泉"项目正式营业。2021年，璟园古民居"璟园汤"温泉项目正式营业。"打造中国温泉名城，构建东方养生胜地"的战略构想，正稳步向前迈进。

武义旅游产业经过连续多年的开发，取得的成就有目共睹（见表8-1），武义旅游业逐渐成为未来发展的支柱产业之一。

表8-1　　　　　　　　武义旅游业各阶段旅游经济数据

年份	游客人数（万人次）	旅游综合收入（亿元）
1998	10.9	0.012
2000	23.3	0.59
2005	57.5	4.03
2010	289.96	21.86
2015	857.47	74.63
2020	1877.92	186.29

资料来源：武义县统计局. 2021年武义统计年鉴［EB/OL］.（2021-11-16）［2022-01-30］. http：//www.zjwy.gov.cn/art/2021/11/16/art_1229423545_3933335.html.

（四）武义旅游发展主要举措

1. 强化特色，制定旅游发展规划

婺处钱江瓯江，武义县着力打造四条诗路，牛头山峰峦苍翠，熟溪桥古朴雅致，一首诗，写不尽武义千年韵律；大红岩丹霞赤壁，大斗山惊险炼心，一阕词，道不明武义万般风情。

（1）唐韵温养诗路：品一缕盛唐之风。

诗路从温泉萤石博物馆开始，解读武义温泉萤石相伴相生的故事。途经骆驼九龙黑茶文化园，展示了丝绸之路神秘黑茶的历史文化；再来到浙江省首个"中医药文化养生旅游示范基地"寿仙谷国药基地，寻访国家4A级景区、唐代叶法善道教养生文化发源地牛头山国家森林公园。夜晚入住温泉酒店，有4A级温泉景区清水湾·沁温泉度假山庄、"华东第一泉"唐风温泉度假村、一房一院一汤池的蝶来·望境，武义温泉的温润怡人就在这条诗路中展示得淋漓尽致。

（2）宋风印迹诗路：忆一段旧时光阴。

"风飒飒，水潺潺，流泉穿石水回环。"在朱熹等文学家写下的《江南序·游水帘亭》中，武义有着静水流深的精致秀美，宋风印迹诗路则呈现了这份诗意。

一座座古村落，一处处古建筑，带着悠长的岁月和厚重的历史款款而来。800多岁的熟溪廊桥，被称为"中国古廊桥之祖"；沉睡了将近800年的国宝——南宋徐谓礼文书，静静地躺在武义博物馆等待世人去解读。

隐逸文化和南宋浙东史学文化的发源地明招寺，展现了1300年历史风貌的武义古街，汇聚了80多栋明清古建的4A级景区璟园，被赞为"江南第一风水村"的郭洞，刘伯温亲手设计建造的太极星象村俞源，以及被誉为建筑界活化石的国家重点文物保护单位延福寺……在这条诗路上，它们诠释着武义这座江南小城的迷人故事。

（3）牛头山水诗路：做一次有氧呼吸。

这是一段离都市人山水田园梦最近的旅程。4A级景区牛头山国家森林公园，森林覆盖率达到了98%；同为国家4A级景区的大红岩，拥有十里丹霞，十里画廊的地质景观，巨大的红岩赤壁让人叹为观止。还有"浙江省十大最美森林古道"曳岭古道，有"浙中西溪湿地"美誉的坛头湿地公园，重峦叠嶂、仙雾缭绕的寿仙谷，夏日千余亩莲花盛开的十里荷花景区……走进牛头山水诗路，就仿佛进行了一次身心的有氧呼吸。

（4）飞驰时光诗路：赴一场极限挑战。

到豪霆·武义赛车场体验速度与激情，到大斗山飞行基地体验空中翱翔，到寿仙谷景区体验飞檐走壁，到大红岩景区走一走玻璃栈道，到千丈岩景区滑草滑雪，还有去寿仙谷漂流、神牛谷漂流、九龙谷漂流、钱江源漂流来一次夏季的酷爽体验……在一次次对自我的征服中，体验到如风的自由与美好。当然，激情的挑战过后，再泡一泡温泉、吃一吃醋鸡、看一看婺剧，这才是完美旅行。

2. 多元投资，形成市场化开发管理机制

进一步优化"旅委"管理体制，增强"旅委"统筹整合能力，加快实现"旅委"职能从行业管理向产业促进、行业服务转变。通过创新旅游资源配置市场化改革，建立农地、宅基地、林地和集体资产作价入股联合开发旅游模式。积极探索建立"政府建框架、社会众筹、企业众创"的旅游开发机制。创新适合旅游开发的政府和社会资本合作（PPP）模式。建立科学的旅游开发评价考核体系，激励旅游开发经营相关主体的创新创业积极性，规范旅游开发经营行为和市场秩序。深化旅游投融资体制改革，组建武义县旅游集团有限责任公司。吸引大型企业参与旅游开发经营。建立多元投融资机制。整合全县美丽乡村建设资金、旅游发展资金等专项资金，建立生态景区全域化建设专项基金，重点支持全县大景区开发、旅游基础设施、旅游配套服务设施建设和旅游商品开发。深化旅游经营机制改革，探索旅游景区经营体制改革。实施武义旅游套票制度和门票预约制度。

3. 注重包装，成功开发旅游客源市场

围绕武义旅游整体形象宣传，武义县积极组织旅游企业参加中国国内、省及长三角地区等各类旅游交易会。与此同时，一方面运用各种形式的旅游推荐会把武义县的旅游产品推荐到各大客源市场，与旅行社签订了旅游合作协议。另一方面，依托连续每年举办中国武义温泉节，组织办好温泉养生论坛、武义新十景评选、旅游专家咨询委员会座谈会等温泉节重大节庆活动，全力做好"以节促旅"文章，不断提升温泉旅游产品的市场影响力。武义县委、县政府适时出台《关于进一步加快旅游产业发展的若干意见》，每年安排500万元的旅游促销经费，在中央电视台、上海卫视、浙江经视等媒体常年做武义旅游形象宣传，并与各地联手，成立企业工会疗养基地，启动了建设浙中"三城"（义乌小商品城、横店影视城、武义温泉城）的旅游发展

战略；主动打破行政区域的樊篱，积极主动开展区域间的联合与合作，与周边台州仙居、丽水缙云、衢州龙游等县市联合推出了"江南仙境游"的旅游线路，实现了区域之间的优势相补和客源拓展。进一步又与长三角城市合作，开展了互动活动，实行区域间旅游客源的双向推介，不断提升了武义在国内的知名度和美誉度，打响了武义旅游的品牌。

（五）武义旅游未来发展设想

第一，近期目标，2020~2025年，全力突破与重点推进阶段；实现5项突破：旅游品牌、旅游产业格局、旅游新业态、旅游配套设施、旅游管理体制实现突破。到2025年，游客接待量达到4191.55万人次，增长12%；旅游收入491.96亿元，增长16%。

第二，中期目标，2026~2030年，是系统完善与优化推进阶段；实现4项提升：旅游产品、服务品质更优，温泉康养名城品牌知名度更响，市场运营机制更完善，旅游产业融合度更高。2030年，游客接待量达到6750.53万人次，增长10%；旅游收入867.01亿元，增长12%。

第三，远期目标，为2030~2035年，旅游全面发展与各项目标全面实现阶段。实现3项目标：建成国际一流的优质康养旅游目的地，产品结构性矛盾消除，旅游产业完全实现向质量效益型的转变。2035年，游客接待量达8615.58万人次，增长5%；旅游收入1273.92亿元，增长8%。

二、武义工业园区建设研究

工业园区是欠发达地区区域经济快速发展的有效载体。武义县工业园区，也称武义县开发区，其建设不仅支撑了武义工业化的跨越式发展之路，也将引领武义最终走向共同富裕。

（一）工业园区建设相关理论

1. 工业园区的内涵

工业园区是指以区域经济为基础，为适应市场竞争和产业升级的新形势和城市化进程合理集聚的要求，以优势企业为主，适当集中布局，促进现代产业分工协作的专业化产业区。工业园区实际上就是产业集聚区，有组织程度高、专业协作强、信息网络畅、成本费用低等诸多优势。工业园区是在区域经济发展加速和推进城市化进程中发展起来的，是适合中小企业集聚发展的组织形式。

2. 产业转移与工业园区建设

产业转移是经济发展的必然趋势。在经济发展过程中，先发达的地区为了保持社会生产力发展和经济增长的领先优势，需要在技术进步和产业升级中发展新兴的"朝阳产业"，这就必然要求把一些在原先区域已失去优势的产业转移到欠发达地区，以腾出发展"新经济"的空间；另一方面，欠发达地区由于缺乏发展经济的资金、技术和管理经验，则需要吸纳发达地区转移的产业，以创造经济增长的基础。

产业转移的基本方式有两种，一是水平产业转移，这实际上是一种产业的横向产业扩张，是相同的产业在不同地域或附近地域的布局；二是垂直产业转移，这是产业链的区域布局方式，是上下游产业在不同区域间的布局和扩张。

产业转移具有双赢特性，不仅有利于先发地区的经济发展，也有利于欠发达地区的工业化。随着经济的不断发展，城市化程度不断提高，区域间的比较优势在不断发生变化。一些相对落后的区域将获得比较优势，这时又会产生新一轮产业转移。产业转移的这种周期性，有利于区域工业发展的梯度推进，发达区域和欠发达区域都需要顺应产业转移规律，发展区域工业经济。

欠发达地区有着接受产业转移的比较优势。随着改革开放的推进和经济社会的发展，欠发达地区基础设施不断完善，区位条件不断趋好，原来制约经济发展的交通滞后等种种问题正逐步得到解决；个私经济的发展使欠发达地区具备了一定的工业基础；丰富的土地资源和劳动力、良好的生态环境、廉价的发展成本，加上政府出台的一系列扶持、优惠政策，使欠发达地区加快工业园区发展的比较优势日益显现，并对发达地区产业梯度转移产生了巨大的吸引力。

3. 欠发达地区加快工业园区建设的重要意义

（1）工业园区是欠发达地区招商引资的重要载体。（2）工业园区是欠发达地区培育支柱产业的重要载体。（3）工业园区是欠发达地区加快城市化进程的重要动力。（4）工业园区是欠发达地区实现可持续发展的有效途径。

（二）武义工业园区（开发区）发展概况[①]

浙江武义经济开发区成立于1992年，是全省首批省级经济开发区之一。1998年，武义县根据周边发展环境和不同区域特色，提出了"三个接轨、三个大布局"的工作思路，即产业接轨永康，共同打造全国最大的小五金制造业基地；市场依托义乌，成为中国小商品城重点来料加工基地之一；城市融入金华，成为金华城市群有机组成部分。

桐琴凤凰山工业园区是武义县在武义经济开发区之后第一个真正意义上的工业园区（见图8-1）。凤凰山工业园区位于武（义）永（康）公路边，首期规划面积2.47万平方米，距武义县城、永康市区各12千米，交通便捷，具有较为优越的区位优势。

凤凰山工业园区的建设成为武义工业园区发展的突破口。1998年开始，武义县确定县域东北部地区为个私经济发展重点区域，以乡镇工业小区为依托，大力兴建工业园区，大力招商引资，迎来了武义工业园区快速发展的时期。以武义县城和武义经济开发区为中心，以毗邻永康的桐琴、泉溪和靠近

---

① 资料来源：笔者调研所得。

高速公路互通口的履坦、杨家为两翼的"一中心两翼"工业经济重点区域突破的格局逐渐形成。

图 8-1 武义县工业园区一角（金中梁 摄）

2017年管理体制改革后，开发区规划总面积80.66平方千米，建成区总面积30.08平方千米，桐琴、泉溪工业园区委托乡镇管理。今年体制调整后，将履坦、王宅、茭道三个片区委托乡镇管理，目前开发区共有规上企业462家，上市企业3家（三美化工、寿仙谷、嘉益保温科技）。历经30年的发展，开发区逐渐形成了电动工具、门业、汽摩配、食品接触容器、旅游休闲用品、新材料、健康生物医药、印刷包装等多元产业，产业链较为完备，配套能力较强。据统计，截至2021年12月底，武义县初步形成了电动工具、旅游休闲用品、印刷包装、文教用品、服饰等五大支柱产业，"钓鱼"牌扑克、"两针一钉"（回形针、大头针、图钉）文教用品等产品在全国市场占有率方面成为"单打冠军"。截至2022年2月底，开发区实现工业总产值66.19亿元，同比增长18.0%，实现规上工业增加值11.15亿元，同比增长11.3%。完成固定资产投资2.52亿元，同比增长120.2%，其中工业投资1.83亿元，同比增长88.3%。

开发区管委会主要职责为工业功能区的规划管理、项目建设、安全生产、企业服务等经济发展事务及其他涉企职责。设党政办公室、企业服务科、产业发展科、规划建设科、综合治理科等5个内设机构。人大工作、机关党委、人民武装部按上级有关规定设置。自然资源和规划局、市场监管局、综合行政执法局、司法局、供电局在开发区设派驻机构。园区划分为白洋一片、白洋二片、白洋三片、壶山片和熟溪片5个片区，2/3的干部下沉一线服务企业。下属事业单位2个，分别为经济发展服务中心、新材料产业园安全生产服务中心，国资集团正在组建中。

（三）武义工业跨越式发展之路

1."工业化道路"意识的觉醒

武义县农业资源丰富，是一个传统的农业大县。20世纪90年代初，全县农业人口占88%，人均占有耕地约0.07公顷，粮食年产量保持在15万吨。在相当长的一段时间里，武义将经济工作的重点放在抓农业生产和开发上。1985年之前，武义县第一产业占全县地区生产总值的50%以上。1996年，县委全会报告提到，坚持把农业放在经济工作的首位，加快发展农村经济，致力总量扩张，注重增长质量，'做大''活小'并举，发展支柱产业。说明农业是当时经济工作的中心。当时武义的工业化程度极低，工业规模很小，经济结构占比低，500万元以上产值的企业仅35家，且大多是公有制或集体企业，个私规上企业几乎没有[①]。

与此同时，隔壁的义乌、永康开始大力发展民营企业，县域经济迅速崛起。武义县委、县政府开始意识到要想真正走上富强之路，光靠农业不行，还必须发展工业。"坚定走工业化道路"的思想和认识也逐渐统一并达成共识，以工业经济作为武义发展主攻点的思想逐渐浮出水面。

1999年，武义县委全会提出了"稳一（稳定和加强农业），攻二（突出抓好工业经济），促三（加快第三产业发展）"的发展思路；2000年，政府工作报告提出："在产业发展上，我们将把工业作为重中之重来抓，主攻二产，合力兴工。工业既是武义的问题所在、困难所在，又是潜力所在、希

---

① 资料来源：笔者调研所得。

望所在。加快工业经济发展，是武义经济再上台阶的必然选择，是推进城市化的重要支撑，是武义基本实现现代化的必由之路。"2001年，在县委全会和武义县"十五"纲要中均明确提出了要实施"工业强县"战略。由此，大力发展工业的"号角"在武川大地吹响，从而催生出一篇篇激昂的乐章。

2. 改制与招商并举，工业发展跑出"加速度"

有一个著名的经济理论叫"马太效应"，认为一个地区越发达，就越能吸引资金、人才、技术等生产要素流入，形成发展的良性循环；相反，一个地区越贫穷，资金、人才、技术等生产要素的稀缺程度就会越来越严重，形成发展的恶性循环，因此，其结果必然是富者越富，穷者越穷。武义工业起步晚、基础差、底子薄，一度制约着武义经济的发展。如何破解"马太效应"，走出一条依托自身后发优势、吸引要素集聚、推进工业经济跨越式发展的路子，成为横亘在当时武义工业发展道路上的"头号难题"。

改革是发展的动力。要实现工业经济跨越式发展，就要从改革中寻找出路。武义县一方面以"背水一战"的信心和勇气，对国有、集体工业企业进行了治根治本的改革，彻底明晰企业产权关系，彻底转换职工身份，对生产要素进行优化整合，建立了符合市场经济要求的新体制，激发新的发展活力；另一方面加大招商引资，着力发展个私经济，夯实工业经济发展基础，武义工业经济开始跑出"加速度"。

（1）企业产权制度改革：体制重塑释放新活力。

20世纪80年代，武义县只有单一的公有制经济，全民所有制占72%，集体所有制占28%。20世纪90年代中期，武义县着手实施企业产权制度改革。大致经历了两次飞跃：一是从推行股份合作制改革到推行以彻底明晰企业产权、彻底转换职工身份为主要内容的新一轮改制；二是从企业改制单个操作、局部推进到整体联动、市场运作。

1998年，武义县委、县政府提出了"因企制宜、一企一策、破卖并行、股权集中、筹资安置、社保配套"的思路，在实际工作中突出破卖并行和转换职工身份，实行带资安置。职工由"企业人"脱胎换骨成为"社会人"，企业产权得以真正明晰。2000年，武义县在企业改制工作会议上确定了"整体联动、逆向操作、资产托管、市场运作"的企业改革新思路。这一思路的提出彻底突破了"单个操作"的瓶颈制约，企业改制工作在短短的几个月时间内取得了突破性进展。企业改制也使大量的国企管理人才和劳动力释放出来，或主动创办个私企业，或成为个私企业生产经营骨干，为武义工业经济快速崛起注入了强劲的活力。

经过彻底改制，武义工业经济从长期亏损、效益低下的公有制状态中摆脱出来，开始呈现出强劲的发展势头。2001年，全县个私工业产值占工业经济总量的96%。

（2）招商引资：注入武义工业发展新动能。

20世纪90年代中后期，武义县敏锐地感觉到：义乌和永康等地的崛起，既对自身的发展形成挤压，更为接受辐射和产业转移及加速工业化提供了契机。比如，永康有庞大的五金产业，迅速扩张的欲望决定了其对资源要素配合的迫切需要，而武义有丰富的适合发展工业的黄土丘陵和劳动力资源，为双方的优势融合创造了条件。

武义通过大力营造"低成本投入、高效益产出"的投资环境，吸引周边发达地区的"过剩"资本、"溢出"产业流进洼地，并将发达地区的先进技术、优秀人才和管理经验带进武义，形成了产业接轨潮，实现了经济超常规发展。当时，"种什么不如种企业"的口号在武义民间广为流传，党员干部"白天搞三讲、晚上跑永康"，用土地、政策、人力的"洼地"优势，带动武义工业从无到有、从小到大，并逐渐形成了特色优势，让武义跻身工业强县。

3. "一中心两翼"：园区集聚引领高质量发展

作为欠发达地区，武义加快经济社会发展的关键在工业，发展工业的关键在园区。为避免走发达地区"村村点火、乡乡冒烟"先污染后治理的老路，相继建成凤凰山—茆角—王山头工业园区、浙江武义文教旅游用品工业园区、浙江武义五金机械工业园区等9个具有一定规模的工业园区，形成"一中心两翼"的工业经济发展格局，即以武义县城和武义经济开发区为中心，以毗邻永康的桐琴、泉溪和靠近高速公路互通口的履坦、杨家为两翼。工业经济呈现高质量发展态势。

浙江武义经济开发区成立于20世纪90年代中期，是浙江省文教旅游休闲用品重点专业工业园区，也是全省首批省级经济开发区之一。历经20多年的发展，开发区逐渐形成了电动工具、门业、汽摩配、食品接触容器、旅游休闲用品、新材料、健康生物医药、印刷包装等多元产业，产业链较为完备，配套能力较强。

桐琴凤凰山工业园区是继武义经济开发区之后武义县第一个真正意义上的工业园区，其便捷的交通及优越的区位优势成为武义工业园区发展的突破口。1998年开始，武义县将县域东北部地区确定为个私经济发展重点区域，以乡镇工业小区为依托，大力兴建工业园区、招商引资，迎来了武义工业园区的快速发展时期。

2003年6月13日，时任浙江省委书记的习近平考察了五金机械工业园区、凤凰山工业园区等地，充分肯定了武义的工业经济发展。他指出，"武义发展工业的路子是符合规律的；从总体上看，武义发展的前景很好。武义下山脱贫工作成效显著，经验宝贵，值得总结和推广，要善始善终，继续抓好。"[①] 据统计，到2021年12月底，武义县初步形成了电动工具、旅游休闲用品、印刷包装、文教用品、服饰等五大支柱产业，"钓鱼"牌扑克、"两针一钉"（回形针、大头针、图钉）文教用品等产品在全国市场占有率方面成为"单打冠军"。

4. 武义招商引资的基本做法

武义县坚持把招商引资作为工业经济的总抓手和突破口，不断完善招商引资举措，加大招商引资力度，取得了明显成效。

（1）完善基础设施，搭建工业园区平台。

基础设施建设是园区发展的基础。武义县一方面抓好各工业园区的规划工作，完善工业功能区城市功能、居住功能、商务功能和服务功能，合理谋划布局商业综合体、人才公寓、卫生服务中心、学校等配套服务设施，增强生产、生活、生态的良性互动。另一方面采取切实有效措施，千方百计加大投入，高标准做好道路提升改造、园区绿化亮化、停车位增设等园区基础设

[①] 周星亮，朱跃军，陶峰松. 金华武义：聚力"三篇文章"打开"特质发展"新空间 [EB/OL]. (2020-09-23) [2022-01-10]. http://zj.people.com.cn/GB/n2/2020/0923/c186327-34311852.html.

施配套工作，做到公共服务设施、绿化建设与基础设施建设同步进行。工业园区的开发建设为发达地区实施产业转移提供了广阔天地，为外来企业实现低成本扩张和二次创业创造了条件。武义工业园区开发建设刚一起步，就受到了周边发达县市企业的强烈关注。创办伊始就吸引了来自永康等周边发达地区的大量企业，为武义经济的发展注入了新生力量。

（2）制定优惠政策，打造投资创业洼地。

优惠政策是欠发达地区吸引外来企业、资金、人才等生产要素的重要驱动力。武义县充分利用山区县、革命老区、省级经济开发区的政策空间，先后制定出台了相关优惠政策，涉及工商管理、收费优惠、金融服务、鼓励参与企业改革、招商引资奖励政策、税收优惠、扶持外向型企业发展等各个方面，努力营造外来企业低门槛引进、低成本运作的发展环境，大胆让利招商。工业固定资产投资始终在高位运行，增速一直高于金华全市平均水平，许多时候是列全市首位。

（3）创新招商方式，拓宽招商引资渠道。

成立县招商引资工作领导小组，加强对招商引资工作的统一领导。设立招商办公室，同时成立专职工作班子，抽调精干力量专门从事招商引资工作。县财政每年提供一定经费，专项用于县级招商引资工作。开发区和重点乡镇、街道根据自身情况建立相应的领导机构和工作队伍。建立县领导重点项目联系制度，实行招商引资目标责任制。落实招商引资考核激励机制，对县领导、有关部门、乡镇街道下达年度招商引资目标任务，并视完成情况给予奖励。形成了"白天搞三讲，晚上跑永康"的千军万马搞招商谋发展的喜人局面。

除了以周边发达县市为重点做好招商工作，武义县进一步强化县招商办、经济开发区及重点乡镇的招商职能，积极组织企业参加广交会、浙洽会等全国和省、市的集中招商引资活动。同时，积极采用以情招商、以商引商、云招商、"请进来，走出去"等多种方式，加大招商引资力度，做好招商联络工作，邀请韩、台企业家来武义县考察投资环境。充分发挥在外武义籍人士、友好人士、港澳台侨胞及县政府驻外办事机构的窗口作用，提高招商引资的针对性、实效性。

（4）简化办事程序，优化服务管理水平。

武义持续深化改革、促进制度创新，将营商环境优化落实到日常工作的方方面面，努力打造流程最少、效率最高、服务最好、环境最优的一流营商环境。着力抓好三个方面：一是切实转变观念，强调机遇靠抢不靠等，强调软环境优先，服务是第一资源，强调事事都是招商主体、人人都是发展环境。二是理顺工业园区管理体制，提高园区管理水平，努力把园区建设成为"无收费、无赞助、无摊派"的最佳税外无费投资区和社会秩序良好的经济特区。从项目审批到企业竣工投产所有事项都由园区管委会全程代理，为企业提供保姆式服务。美特金属、骆驼九龙等许多企业从签订招商协议到开工生产，只需3个多月时间。三是建立经济发展环境投诉中心、便民办事中心等机构，以"最多跑一次"改革为引领，全面推行"一窗受理、集成服务"，提升代办服务效能。千方百计为企业排忧解难，推动企业稳步发展。

（5）关心尊重企业家，营造亲商爱企氛围。

围绕厚植企业家成长土壤、激发企业创新活力，武义县主要做好五件事：一是持续加大对民营企业家宣传力度，让民营企业家真正感受到群众的认可和社会的尊重。二是在国家政策范围内同等条件下优先推荐优秀企业家作为"两代表一委员"候选人或中央、省、市荣誉称号候选人，优先推荐担任各类行业协会商会职务，提高企业家政治地位和社会荣誉感。三是把企业家"请上来"，设立"亲清茶室"，每月召开政企恳谈会，集中力量研究解决企业家反映强烈的政策、成本、维权、执法等方面突出问题，着力破解影响营商环境的痛点、难点、堵点。四是大力强化法治保障，严格执行《企业法》，严厉打击影响企业生产的违法行为，维护企业家合法权益。五是给予企业家如子女入学、税收、贷款等政策倾斜，对于优秀企业经营管理人才列入"武义县高层次人才目录"，给予津贴奖励，为企业家创造良好的政策环境。让企业家政治上有荣誉，社会上受尊重，生活上享关怀。

5. "三大效应"：激活工业发展的制胜密码

武义县工业取得了突飞猛进的发展，"三大效应"是其中的制胜密码，对武义社会经济发展起到了关键性作用。

(1)"洼地效应"。

"水往低处流"是一个物理现象。我们把发达区域的一部分产业转移到欠发达区域的经济运动称为"洼地效应"。投资者选择"洼地"的依据是实现生产要素的最优化组合。一方面是在产出既定时使成本最小化,即使生产要素的组合具有最低成本;另一方面是在成本既定时产出最大化,即使生产要素的组合具有最高的产出(见图8-2)。

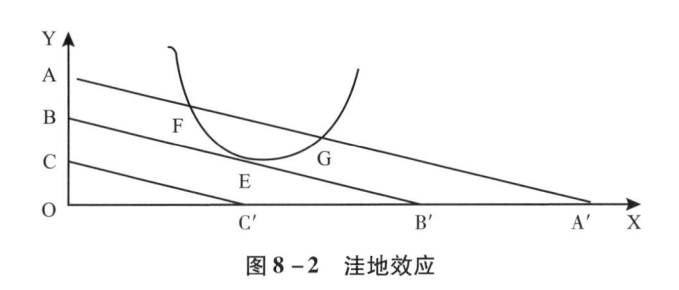

图8-2 洼地效应

当产出Y与成本X相交于AA′时,能实现高产出,但不能实现成本的最低化,当产出Y与成本X相交于CC′时,成本虽低,但不能实现产出的最大化。因此,最佳的组合只能是产出Y与X相交于BB′时,其中E成了最能引入人流、物流、资金流、技术流、信息流的"洼地",主动对接从AA′区域辐射BB′区域的条件最为明显,而由于受辐射线的带动作用,EF和EG两条区域带条件也较为理想。

武义县确定"一中心两翼"区域工业布局的框架,就是按照洼地效应规律构建的。武义县民间资本缺乏,难以自发形成规模化产业。充分利用洼地效应引进企业是撬动工业经济的第一杠杆。在构建"一中心两翼"模式的基础上,一方面,武义县充分发挥土地使用费低、劳动力价格低的优势(与周边发达地区相比,武义县土地使用权出让金仅为发达县市的1/4~1/3,劳动力价格仅为发达县市的1/2~2/3),吸引周边企业投资武义县;另一方面,通过创造有利的政策空间和优质的服务环境,增加投资洼地的吸引力。

在洼地效应的推动下,大批资本从四面八方流入武义县。2002年,位于桐琴镇的五金机械工业园,在短短3天内,就被18家外地企业购地约

66.67公顷,每家投资千万元以上。外来企业已成为武义县工业发展的主力军。目前,武义县五大支柱产业中有40%是从外地引进的,五金机械行业中大部分都是外地企业,这种洼地效应带来了双赢的结果:武义县周边发达地区的企业落户,不仅推动了武义县的工业化,也为发达地区新产业、新经济的发展让路,有利于产业升级。

(2)鲶鱼效应。

一位精明的挪威船长把鲶鱼放在沙丁鱼的水族馆里,这样精致的沙丁鱼就不会在运输途中死亡,因此能以很好的价格出售。沙丁鱼害怕并躲避它们的天敌鲶鱼,并且改变了它们懒惰的游泳习惯,紧张而快速地游泳。结果,他们恢复了活力,大部分能活着返港。这就是所谓的"鲶鱼效应"。大批外来企业的进驻,不仅增强了武义县的经济实力,同时还增强了本地企业的危机感和紧迫感,激发了本地企业主创业的动力,推动了本地企业的发展。

鲶鱼效应最典型的一个例子就是武义县恒友机电有限公司的发展。该公司创立于1994年,20世纪90年代中期,年销售额在2000万元左右。海阔、工力等一大批外来大型高端企业落户武义后,恒友公司感觉到了越来越大的压力。2000年,恒友公司购买土地4万平方米,投资750万元建厂,扩大生产规模。2000年实现销售收入5300万元,是上年的2倍[①]。

目前恒友公司已成为全国最大的电锤生产和出口基地。近年来,武义不少民营企业也纷纷抓住机遇转型升级,提升企业档次。如浙江精力工具有限公司大力实施"机器换人",同时致力于创新研发,每年都推出18~20款新产品,近年来公司产值每年增幅都保持在30%~40%。再如张氏包装引进多条国外先进生产线及设备,先后获得"中国包装百强企业""中国纸制品包装五十强企业""国家级高新技术企业"等荣誉,2021年实现产值6.3亿元,纳税2402万元。

(3)"蛟龙效应"。

产业的提升与发展,离不开优势龙头企业的带动与支撑。在"洼地效应"和"鲶鱼效应"的推动下,武义县一大批小型巨人企业脱颖而出,成为产业发展的龙头企业,形成了"蛟龙效应"。恒友、宏马、海阔、工力、

---

① 资料来源:笔者调研所得。

保康、张氏包装等重点工业企业绝大多数分布在几个重点工业园区内。在此基础上，武义县进一步采取措施，加大对优势企业的扶持力度，使他们的"龙头"作用得到充分发挥。这些企业的发展壮大，又孵化出了一大批相关的中小企业，带动了整个工业经济和园区建设的快速发展，促进了相应产业的迅速集聚和本地中小企业扩大规模、提升档次，增强了县域工业经济的"造血"功能。以寿仙谷为龙头的健康生物医药产业，建立育种、栽培、深加工、销售为一体的中药全产业链，目前，县域名贵珍稀药材产业集群初步形成，中药材种植基地超 0.17 万公顷，中医药产业年产值达 20 亿元。以三美化工为龙头的氟化工产业，形成氟新材料产业集群。2021 年，武义县 141b（一氟二氯乙烷）、无水氟化氢及制冷剂类产品产销量居全国前三。以浙江恒友机电、浙江博来工具、浙江华丽电器制造等企业为龙头的电动工具业等优势产业迅速崛起。电动工具产品占全国市场份额近 1/3，其中电锤产量和出口量占全国七成以上，稳居全国县（市、区）首位。在新兴产业上武义县引入全球最尖端的高聚光纤链主企业，打造 5G 光电产业集群，成为高聚光纤国际高峰论坛永久会址。

"洼地效应""鲶鱼效应""蛟龙效应"，使武义工业经济快速实现了量的扩张和质的提高。2021 年，武义县地区生产总值跨上 300 亿元台阶，达 313.25 亿元。规上工业总产值成功突破 700 亿元大关，在金华市排第四位。2000 万产值以上的规上工业企业数增加到 779 家，在金华市排第三位。全县亿元以上企业达到 165 家，实现财政总收入 49.27 亿元。嘉益股份、雅艺科技成功上市，上市企业增至 4 家，税收千万元以上企业在金华市排第二位，企业亩均效益排在全市第三位，主要工业经济指标都超过了当年的学习对象浦江县、兰溪市。R&D 占比、科技创新指数领跑全市和山区 26 县。拥有电动工具、食品接触容器、门业、旅游休闲产品、文教用品、扑克牌等 6 个国家级制造（出口）基地，产品远销欧美，出口"一带一路"沿线 62 个国家[①]。

---

① 资料来源：笔者调研所得。

（四）当前武义工业园区建设的主要工作

1. 稳步推动复工复产

为确保2022年春节后企业全面复工复产，开发区坚持问需于企、问计于企，积极采取有效措施，努力跑出助力企业发展的"加速度"。一是当好安全生产"指导员"。重点对企业复工复产各项安全防范措施、生产设备、消防器材、安全生产教育培训等方面进行了检查指导，并针对摸排检查中发现的安全隐患和重点部位进行分类整治。引导各企业负责人加强安全意识，积极组织员工参加复工复产培训，坚决杜绝安全事故的发生，为全年安全生产工作开好头、起好步。二是勇当企业纾困"服务员"。联企干部全部下沉一线开展排查走访，深入摸排复工企业底数，详细了解企业在物资储备、员工返岗和生产运营等方面的实际情况，用心倾听企业复工后面临的实际困难，积极主动为企业出谋划策，真正从问题"收集员"转变为解决问题的"服务员"，推动问题得到及时有效解决。三是当好惠企政策"宣传员"。采取"线上+线下"的宣传方式，集中开展政策宣传解读，及时将《关于支持工业企业稳定生产加快发展的实施细则》和一季度"开门红"的各项政策宣讲到企业。截至2月，所有企业均已复工复产。

2. 扎实做好疫情防控

面对广西、江苏等地疫情起伏反复的严峻形势，我们在春节前夕就通过微信群、电话等方式向企业广泛宣传"返武通App"，让外地返岗员工能提前自主申报，第一时间主动提供行程轨迹，配合落实防疫措施，共核查返武通数据6494条次。2022年春节后，联企干部也相继开展企业走访，逐企上门，指导企业复工复产的同时同步抓好疫情防控。特别是开复工这段时间，重点强调了外地员工返岗、员工招聘等注意事项，如严格落实内部环境消杀、外地员工返岗48小时内核酸检测报告必查、员工招聘防疫举措要跟上等，让企业实时关注各地疫情防控动态，并及时主动开展人员自摸排，引导企业切实担负起社会责任。同时我们对辖区内的进出口企业、外地员工数占

50%以上企业进行了一轮人员摸排统计并建立员工花名册。后续我们也会根据文件要求加强重点工业企业人员的核酸检测工作,督促企业定期按时完成检测任务。2月份以来,开发区共核查数据5847条次,其中,"14+7"管控89人,"7+7"管控27人,"2+14"日常健康监测67人,只需一次核酸1669人[①]。

3. 全力奋战项目攻坚

2022年以来,开发区坚持把项目攻坚作为武义跨越赶超的"一号工作",发挥工业主战场的先锋带头作用,高度重视项目建设推进工作,按照"紧起来、跑起来、干起来"的要求,将37个重点建设项目分解到各工作片,确保每个项目由一名分管领导、一名经济网格员和联企干部抓项目进度,主动谋划,超前服务,以服务项目为抓手,以服务促项目进度,全面落实全程代办服务,及时研究解决项目推进中存在的困难和问题,按完成时限通过上门和邀请的方式对项目建设单位(企业)负责人进行了督促和约谈,对项目按时间节点排出推进计划。对未开工项目督促尽快开工,已开工项目加快项目建设进度,对项目建设进展情况进行周分析、月汇总。2022年开发区共有37个项目被列为县重点建设项目,其中,新建项目16个,续建项目21个,续建项目中月凯、巴赫、港乐、世摩被列为武义县2022年省重大项目。截至目前,共引进内资4.93亿元;所有续建项目均已复工建设;新建项目已有5个开工,开工率31.3%,剩余项目均按计划有序推进中,计划年前所有项目全部开工建设[②]。

4. 持续推进综合治理

健全基层网格化安全监管模式,全面组织开展企业自查、网格员检查、纪工委督查,积极巩固"基层党建+安全生产标准化"建设成果,目前共检查企业5200余次,排查整改各类隐患1000余个。持续推进"五水共治",截至2022年3月底已完成"污水零直排区"创建企业593家。建立雨污管网长效运维机制,切实落实日常运维、管理责任。设立领导工作小

---

①② 资料来源:笔者调研所得。

组，以"违建大拆除"为重点，以"脏乱大清理"为基础，以"环境大提升"为核心，多措并举、综合施治，全面加强工业园区环境综合整治工作。截至目前，开发区共出动工作人员 240 余人次，累计检查企业 110 家。整治过程中，各工作小组对照上级要求和整改标准，制定整改举措、倒排责任工期，做到每日交办、每日销号。目前，拆违工作已初显成效，截至 3 月 22 日，共排查发现问题企业 107 家，已完成整改 94 家，拆除违建 19310 平方米[①]。

（五）武义工业园区建设的未来设想

1. 持续做大经济规模

推进青春期企业成长，培育隐形冠军企业 1 家，小升规企业 100 家。加大企业上市培育力度，新增企业股份制改造 6 家、报证监会辅导 1 家。实现规上工业总产值 560 亿元，增速 20% 以上；规上工业增加值实现增速 15%；规下工业增加值实现增速 13%；制造业投资实现增速 17%；实现固定资产投资 20.8 亿元；力争完成工业投资 18 亿元，工业投资增速 18% 以上；技改投资增速 10% 以上。实施创新驱动战略，培育省级数字化车间、智能工厂 2 个，力争全年数字经济核心产业制造业增加值增速 18%，规上工业企业研发投入占主营业务收入比重达到 2.55%，研发投入增速年底前实现 45%。新认定国家高新技术企业 20 家以上；申报省级以上创新载体（科技孵化器、众创空间、星创天地）10 家以上[②]。

2. 深化产业平台建设

推进新材料产业园、高端装备制造产业园、有机国药产业园和 5G 光电产业园建设。其中：新材料产业园，重点做好化工园区规范化建设、智慧管理平台建设（投资约 2000 万元）和道路等基础设施建设，推动盛美锂电一期项目、9 万吨氢氟酸技改项目动工建设，总投资 10 亿元的氟聚合物项目

---

①② 资料来源：笔者调研所得。

推进落地；高端装备制造园：重点抓好园区道路、管网建设，开展装备园二期的13.5万平方米土地征收工作；有机国药产业园：重点推动寿仙谷二期项目和三期项目建设，开展土地征收和基础设施配套建设，推进灵芝工厂化栽培项目落地；谋划建设5G光电产业园，开展产业园的规划编制，推进占地38.67公顷的5G高聚光纤项目落地建设[①]。

3. 加快国有公司实体化运营

理清落实企业资产负债，整合重组国资国企，围绕公司现有资产、人员结构、开发区企业服务、产业链延伸等方面的内容，厘清和明确公司运营业务范围，承接园区服务、工程建设和投资管理等具有一定基础和优势的业务，增强自身造血能力、可持续发展能力，推动向实体化转型发展。

4. 加大招商引资力度

做好省重大产业项目、市县长项目谋划。争取引进内资24亿元，制造业项目到位资金12亿元；签约1亿~3亿元项目6个、3亿~10亿元项目4个、10亿元以上项目3个；落地1亿~3亿元项目4个、3亿~10亿元项目2个、10亿元以上项目2个；完成招引落地20亿元以上项目1个[②]。

5. 推进项目落地见效

推行"三个一"项目服务机制（即一个项目、一个领导、一个工作专班），按照"签约项目抓落地、落地项目抓开工、在建项目抓进度"的工作要求，围绕重点项目抓好征地、项目报批、施工要素配套以及主体开工、竣工投运等多个环节，卡准时间节点，做好各项服务。以"一周一督办、一周一统计、一周一通报"的方式，切实加大项目督办落实力度，通过落实主体责任和监督责任，确保各项攻坚任务按既定计划完成。

6. 筑牢安全生产基础

结合武义实际，认真制定安全生产督导工作方案，开展安全生产大检查

[①②] 资料来源：笔者调研所得。

活动，重点对企业各项安全防范措施、生产设备、消防器材、安全生产教育培训等方面进行检查指导。针对摸排检查中发现的安全隐患和重点部位，确保100%整治到位。加强安全教育宣传，拧紧企业思想发条，引导各企业负责人加强安全意识，积极组织员工参加安全生产培训，做到未经教育培训或者培训考核不合格的职工不上岗，坚决杜绝安全事故的发生。

7. 推进园区整治提升

启动亩均效益5万元以下低效工业企业整治提升，力争整治低效企业110家以上，同时谋划新建小微园1~2个。对6个入园口节点进行环境改造提升，与交通局、综合行政执法局、交警大队成立联合执法小组，对园区乱停车现象进行专项整治。积极动员嘉益、中康等沿线企业，在企业内部空地增设职工停车位，用以缓解园区停车难问题。发放文明停车倡议书，倡导广大企业职工文明有序停车，大力推动园区乱停车的整治工作[①]。

8. 提升园区配套水平

2022年计划投资9000万元进行园区配套设施建设，主要包括实施仁和大道、桂花路、迎春路、兰花路等建设和园区绿化亮化、路面和管线修复以及供水、供气、排污管网等配套设施建设。规划建设未来社区邻里中心，为企业员工提供医疗卫生、教育文化等服务。拟对开发区道路（荷花路、茶花路、金牛路）进行优化提升改造，绿化提档，调整道路横断面，提高易堵路段通行能力，改善交通环境。合理增设园区停车位，荷花路拟新增停车位400个，茶花路拟新增停车位200个，金牛路拟新增车位100个[②]。

9. 加强干部队伍建设

进一步优化开发区管理体制，开发区将做好履坦、王宅、荗道三个片区委托属地乡镇管理的工作对接，并继续围绕"再造一个武义工业"目标，理顺职责分工，落实好区片工作责任，完善干部管理、考核机制，结合开发区工作实际，实行工作人员"双向选择"，充分营造"能者上、庸者下"的

[①②] 资料来源：笔者调研所得。

干事氛围。完善干部全员培训体系，加强干部的企业管理、工业经济运行政策等知识培训。每季度开展晒拼创，比学习、比效率、比攻坚、比业绩，推动干部"学紧跑""晒拼创"，切实改变"庸懒散"作风，大刀阔斧干工作，拼争抢创晒业绩。

（六）武义工业园区建设的基本经验

工业强县是武义县毫不动摇的发展战略。武义县现有各类工业企业6000多家，形成了五金机械、汽摩配、文旅休闲三大主导产业，特色装备制造、健康生物医药等新兴产业蓬勃发展的工业格局。特别是以精密机床、汽车关键零部件、矿山机械等为代表的新兴装备制造业日益壮大；以氟化工等为代表的新材料产业已初显成效；以灵芝铁皮石斛、蛋黄卵磷脂等为代表的健康生物医药产业已颇具规模。回顾武义县工业园区建设的艰难历程，我们可以得到许多经验和启示。

第一，县域工业园区建设，必须遵循经济规律，发展区域工业。准确把握招商引资的新形势，坚持基础设施建设先行原则，只有这样才能实现跨越式发展目标。

第二，创造和利用核心效应，促进工业园区发展的良性循环。（1）"洼地效应"。就是紧紧抓住周边发达地区企业在二次创业中向欠发达地区进行产业转移、寻求新的发展空间的时机，挖深池塘，通过优质的服务和优惠的政策最大限度地降低企业的投资成本，吸引外来资金、技术、人才等各种生产要素流入。（2）"鲶鱼效应"。就是通过引进外来企业，增强武义企业的危机感和紧迫感，激发武义县企业主的创业冲动，以此推动企业的发展。武义这方"经济洼地"引进了大批的外来企业，外来企业迅猛的发展势头又激起了本地企业做大做强的欲望。自2000年以后，全县企业掀起了创业热潮。（3）"蛟龙效应"。就是通过充分发挥财税、金融等经济杠杆"四两拨千斤"的作用，积极制定技改贴息、信贷投放等倾斜措施，扶优扶强，引导重点行业和龙头企业发展壮大，并通过"龙头"企业的产业扩散，强化产业基础，推进整个工业经济的良性发展。

第三，高起点规划是开局之要。宏观上，工业园区总体布局坚持"有重点、分类型"。有重点，就是在全县工业园区总体布局上，按照环境差异和非均衡发展的要求，突出"一中心两翼"区域为重点，着力形成有规模、上档次的工业经济园区。分类型，就是按照各工业园区的基础条件，在规划中有意识地加以分类引导。微观上，园区规划注重"三个结合"。一是园区规划与城镇、中心村建设规划相结合。二是园区规划与园区的特色培育相结合。三是园区规划与园区功能定位相结合。

第四，全方位招商是四梁八柱。努力营造低门槛引进、低成本运作的政策空间。不断优化服务，创造投资者满意的发展环境。创新招商方式，拓宽招商引资渠道。

第五，高速度建设是乘风破浪。首先要继续加快园区基础设施建设。其次要加快进区企业建设。

第六，平台建设支撑工业发展。深化改革引领工业转型，通过动能转化推动产业升级，通过政策创新支持、保障工业发展内生动力。

| 第九章 |

乡村振兴的武义模式
——当代中国乡村蝶变的县域样板

武义县地处浙江中部，东邻永康市、缙云县，西接遂昌县、松阳县，北靠义乌市、金东区、婺城区，南界丽水市、莲都区，县域总面积1577平方千米，户籍人口34.6万人，常住人口50万人，辖8个建制镇、7个乡、3个街道。在全国2000多个县级行政区当中，武义县并不出众，交通区位、自然资源、产业基础、人文环境可以说都一般般。过去很多时候，外地的领导到武义，常常会把"武义"说成"义乌"。然后，正是这么一个原本不出众、不起眼的小县城，在武义县全体人民的共同努力下，却成为一个中国乡村蝶变的样板，研究和解剖其中的内核，总结经验，具有很强的时代和借鉴意义。

一、武义乡村蝶变的基础条件

（一）区位条件

武义县是浙江金华南部的山区县，曾长期处于交通"盲点"。在通铁路和高速之前，唯一的过境国道330国道从最北部的茭道乡（今茭道镇）擦边而过。境内仅有的两条省道永武线和上松线，公路等级也偏低。金温铁路、金丽温和杭金衢高速公路开通后，武义才大大缩短了与发达地区的时空距离，摆脱了交通闭塞的格局。但总体来说，区位条件还算不上是个明显优势。

（二）自然资源

武义县境内群山连绵，地势南高北低，呈"八山半水分半田"的地理格局。生态环境相对良好，全县森林面积11.58万公顷，森林覆盖率74%。野生动植物资源丰富，有野生动物265种，其中国家一级保护动物4种，二级保护动物32种；野生植物656种，其中国家二级以上保护植物11种，珍稀濒危植物24种。土地资源在南方特别是浙江来说，相对比较丰富，全县地貌可划分为中山、低山、高丘、低丘、平畈、平原6大类型（见表9-1）。全县土地总面积约15.69万公顷，其中，人均耕地不足0.07公顷。特色资源一个是萤石，另一个是温泉。萤石储量曾号称占全国储量的1/3，日本侵华时驻军武义县的目的就是掠夺萤石，并专门修建了一条运输铁路。武义县许多道路的路基都是用品质不高的废弃萤石铺的，而现在武义萤石已被开采殆尽，原材料都已从外地购进了。温泉是20世纪70年代开采萤石时发现的，当时影响作业就埋了回去。笔者在武义县担任县长一职时，费了九牛二虎之力才从300米的地底下将温泉找出来。现在武义县是原国土资源部命名的浙江省首个、迄今唯一的"中国温泉之城"，目前发现温泉13处，日出水量2.4万吨，水温常年保持在36℃～45℃，富含20多种对人体有益的矿物质和微量元素，号称"浙江第一、华东一流"。

表9-1　　　　　　　　武义县地貌类型面积及构成

地貌类型	平原	平畈	低丘	高丘	低山	中山	合计
海拔（米）	<100	100～150	150～250	250～500	500～1000	1000～2000	—

续表

地貌类型	平原	平畈	低丘	高丘	低山	中山	合计
面积（公顷）	5793	8013	25714	30984	68725	17692	156921
构成（%）	3.69	5.11	16.39	19.74	43.80	11.27	100.00

资料来源：武义县气象局. 武义县气象灾害防御规划（2010—2020）[EB/OL]. (2019-11-15) [2022-01-30]. http://www.zjwy.gov.cn/art/2019/11/15/art_1229423673_3662846.html.

（三）产业基础

武义县是革命老区县和少数民族聚居地区，是原来省定的 8 个贫困县之一，后来是全省的 26 个加快发展县（市、区）之一。原 23 个乡镇中，有 13 个乡镇为贫困乡镇，面积占全县的一半，人口占 1/3（见表 9-2）。2000 年，全县地区生产总值仅 28.5 亿元，武义县周边的永康市、义乌市分别为 73.9 亿元、119.2 亿元，武义县只有义乌市的 1/4，永康市的 1/3。1998 年，全县年产值 500 万元以上的工业企业只有 35 家，几乎没有上规模的民营企业，大部分企业还停留在初级加工阶段，产业链短，产品附加值低，技术创新能力弱，市场开拓能力有限。

表 9-2　　　　　　　武义与周边县市 GDP 比较　　　　　　单位：万元

县市名	1990 年	1995 年	1999 年	2000 年
武义县	43978	180023	260233	285083
永康市	74527	383191	650600	739370
义乌市	160025	811241	1053537	1192463
东阳市	108934	615771	900817	1006666
金华市区	100962	323507	489517	544540

资料来源：笔者根据历年《金华市统计年鉴》整理。

(四) 人文环境

武义县是个传统的农业县，重农轻商的意识比较浓厚。唐代诗人孟浩然曾以"鸡鸣问何处，风物是秦余"的诗句来描绘当时自给自足的小农经济，古县志中也称武义人是"不为商贾、技艺，轻去其乡"，三天见不到壶山就会哭。由于缺乏经商和外出谋生的传统习惯，武义人在发展意识上与周边的义乌、永康等地之间存在着明显差距。20世纪80年代后期武义流传着一则民谣："义乌小商品，永康小五金，东阳建筑军，武义'红五星'"。意思是义乌人摇着"拨浪鼓"走四方，摇出了全国最大的小商品城；永康人打铁、补铜壶，打出了全国最大的五金城；东阳的建筑队遍布全国各地；而武义人却热衷于打扑克，安于现状。当时，在武义县的一部分机关干部中，的确存在一提发展就谈困难，一干工作就找框框，一拿措施就照抄照搬，一讲改革就等待观望，不论大事急事，总是慢慢腾腾，四平八稳，不讲效率等现象。

二、武义实现乡村蝶变的基本经验

武义县在发展改革的过程中虽然困难重重，却在较短时间取得了不俗的成绩，因此具有深入研究的典型意义。武义县的快速发展得益于在准确把握县情和周边发展环境的基础上，逐步理清了发展思路。当年，我们常说，思路决定出路，思路对头，事半功倍；思路错位，事倍功半。笔者认为自己对武义县发展的贡献，就是把准了发展的大方向，确定了大的发展思路。武义县的发展可以概括为"五个三"，三大县情、三大战略、三大布局、三大接轨、三大效应。

（一）透彻分析三大县情

精准和透彻分析武义县经济社会发展现状，是取得成功的基本前提。我们认为，武义县在发展的起步阶段，有三大特征比较明显，即后发型特征、外力支撑型特征、环境差异型特征。

1. 后发型特征

从发展阶段来看,武义县当时处在工业化初期,经济基础薄弱。但作为后发展地区,有些原先的"劣势"和沉睡的资源随着条件的变化正转变成为"优势"。比如区位,随着金温铁路、金丽温高速公路的开通,武义县到金华市仅需 20 多分钟车程,至杭州市现在高铁不到 1 小时,到上海市只要 2 个小时车程,便利度上对企业和投资者就不再有太多障碍。比如土地,人少地多,具有较大的发展空间。比如,劳动力(见表 9-3),武义农村剩余劳动力丰富,劳动力价格与发达地区相比较为低廉。据统计,2000 年武义县农村劳动力资源达 17.89 万人,而从事农林牧渔业的达 10 万人,完全从事工业的农村劳动力仅为 3.94 万人。丰富的农村劳动力加上较低的劳动力价格,为外来企业的低成本扩张创造了条件。再比如生态,武义县内山清水秀,同时还拥有得天独厚的温泉资源和众多保存完好的古生态、古建筑,因此,旅游业开发前景看好。这些后发优势利用得好,发展潜力很大。

表 9-3　　　　　2000 年武义县农村劳动力资源构成情况　　　　单位:万人

序号	统计指标		劳动力
1	农林牧渔业	农业	7.58
		林业	0.45
		牧业	1.87
		渔业	0.10
		合计	10.00
2	工业		3.94
3	建筑业		0.58
4	交通运输业及邮电通信业		1.45
5	批发零售贸易业、餐饮业		0.66
6	其他非农行业		2.26
7	乡村实有劳动力合计		17.89

资料来源:笔者根据历年《武义县统计年鉴》整理。

2. 外力支撑型特征

武义县人才、资金要素不足，科技支撑力量不够，技术创新能力较弱。1995年，全县存、贷款余额分别为8.2亿元、7.7亿元。2000年，全县具有高级职称的科技人员仅有141人，与全县人口之比是1∶2275。由于经济主体资本原始积累不足，发展中最缺少的就是资金和人才，因此必须借助外力求发展。而当时周边的永康、义乌等地的企业已进入二次创业阶段，寻求新的发展空间的欲望强烈，一些企业和产品向欠发达地区转移，这为通过外力支撑实现快速发展提供了良好的契机。

3. 环境差异型特征

武义县南北环境存在明显差异，如何认识差异、承认差异，因地制宜、分类指导，是制定出适合各区域经济发展战略和对策的关键。

一是土地与人口的差异。武义县境北部的武义盆地向东开口与永康盆地衔接，地势低平，发展空间广阔。而中部、南部地区群山连绵，森林茂密，旅游资源丰富，生态环境完好。1995年，武阳、履坦、桐琴、泉溪、王宅、邵宅、桃溪滩7个乡镇土地面积为5.57万公顷，占全县的34.43%，人口则达17.5万人，占全县的53.49%，这7个乡镇的人口密度为314人/平方千米，为全县人口密度209人/平方千米的1.5倍。全县人口密度最高的桐琴镇为463人/平方千米，全县人口密度最低的南部山区西联乡仅为60人/平方千米，高低之比为7.72∶1。

二是交通区位与传统习俗的差异。从地理位置上看，东北部的桐琴、茭道等乡镇接壤永康、义乌等经济发达地区，而且地势平坦，交通便捷，距县城和永康市区均只需10多分钟车程。而处于西南部的柳城、大溪口、三港、西联等乡镇，与丽水、松阳、遂昌等欠发达地区相连，重峦叠嶂，交通不便。如三港乡离县城达60多千米，需1.5个小时车程。由于自然条件与地理位置等影响，武义东北部地区与西南部山区群众在思想观念和传统习俗上也存在明显差异。桐琴、泉溪等东北部地区由于受永康等地市场经济发展迅猛的影响，当地群众市场观念较强，经商办企业，发展个私经济在当地具有良好的氛围。而大溪口、西联等南部山区群众由于受地理环境的限制，长期以来，当地农民习惯于靠山吃山，习惯于"日出而作，日落而息"，安于守住几亩山地过清苦的日子，适应市场变化的能力较弱。

三是经济基础上存在的差异。东北部地区如桐琴、泉溪、履坦、茭道等乡镇因为毗邻县城或永康，交通便捷，发展环境相对较好，发展速度也较快。2001年，桐琴镇全镇已有工业企业406家，实现工业产值8.6亿元，已进入工业化初期向工业化中期转变的新阶段。而位于西南部的大溪口、西联等乡镇，由于交通不便，发展条件差，发展速度相对较慢。如大溪口乡，全乡没有一家像样的企业。

（二）制定三大战略，确定发展方向

搞清了县情，1999年，我们提出"合力兴工、主攻二产"的产业主攻方向；2000年，提出"三突破（企业改革体制突破、个私经济区域突破、农业发展效益突破）、一推进（推进城市化进程）"的工作重点；2001年，明确了"十五"期间三大发展战略——工业强县、开放兴县、生态立县。

1. 工业强县战略

着力于量的扩张，主攻第二产业，加速工业化进程。改革开放以来，武义县逐渐从农业社会进入到工业化初期阶段。1988年，武义县地区生产总值构成中，第二产业比重首次超过第一产业，一二三产比重为33.75∶41.40∶22.85。1998年，第一产业比重首次降到20%以下，一二三产比重为18.97∶53.18∶27.85（见表9-4）。这一阶段，是第二产业需要迅速扩张和产业结构需要不断升级的阶段。因此，我们找准武义县经济综合实力弱的原因，即弱就弱在工业化程度低、工业基础薄弱，武义城市化发展缓慢，其主要原因是缺少工业这一产业的支撑。因此，在相当长的时间内，武义县首先要在产业建设中优先发展工业，将工业作为经济发展的主攻点，加速工业化进程。

表9-4　　　　　武义县1995~2000年国内生产总值构成　　　　单位：%

年份	合计	第一产业	第二产业	第三产业
1995	100	23.36	52.02	24.60
1996	100	21.61	53.39	26.00
1997	100	20.17	52.82	27.90
1998	100	18.97	53.18	27.85
1999	100	18.30	53.00	28.70
2000	100	17.19	51.70	31.00

资料来源：武义县统计局.2021年武义统计年鉴［EB/OL］.（2021-11-16）［2022-01-30］.http：//www.zjwy.gov.cn/art/2011/11/16/art_1229423545_3933335.html.

2. 开放兴县战略

这一战略的核心内容是主动接受发达地区辐射，以大开放促进大发展。在经济全球化、市场一体化的大背景下，行政区域对一个地区的经济影响正在不断削弱，而经济区域对一个地区经济的影响却是与日俱增。不仅一个地区的经济增长对另一地区的经济增长不断产生影响，一个地区要实现经济增长也要依赖于生产要素的区际流动和其他地区经济的增长。这种区域之间紧密的经济联系，使任何一个地区都不可能在孤立的、封闭的状态下实现经济增长，尤其是欠发达地区，更不可能在孤立、封闭的状态下实现经济起飞，促进经济的快速增长。开放者兴，封闭者衰，这是现代经济增长的一条铁的规律。实施开放兴县战略，其核心是要求武义在经济发展初期必须走以外力推动为主的发展路子。长期以来，资金、人才、技术等要素严重短缺，困扰着武义经济的发展，使武义的工业徘徊不前。在这种情况下，企图凭借内在的力量获取经济的跨越式发展，无疑是无源之水、无本之木。因此，武义县的发展绝不能局限于利用县域内的资金、人才、技术，必须跳出武义，眼光向外，借助外力求发展。从周边区域看，中心城市和周边地区迅速兴起，资本的跨区域流动加速，专业市场的辐射半径加大，为武义接受辐射和产业转移、加速工业化提供了契机。当时义乌市、永康市、东阳市等周边发达县市已逐步进入工业化中期的加速发展时期，初级市场正在向着现代化市场转变，这一转变过程中一些企业将"走出去"寻找低成本再创业的空间。武义县只要筑好巢，营造"低成本投入、高效益产出"的投资环境，主动接受发达县市辐射，就可以吸引发达地区"过剩"的资金、"溢出"的产业以及先进的生产技术和管理经验源源不断流入，实现经济的超常规发展。

3. 生态立县战略

这一战略要求武义县走经济发展和环境保护有机结合的可持续发展道路。生态环境是人类赖以生存和发展的基础。在寻求经济快速增长的同时，如何利用和保护好生态环境，使经济发展与环境保护相协调，不仅是先发达地区必须解决的课题，也是欠发达地区必须面对的问题。欠发达地区实施追赶战略容易犯的一种通病是：把经济增长作为唯一的目标，片面追求高速度，没有或较少顾及高速发展所带来的对生态环境的破坏和污染。这种发展模式的结果是：经济虽然得到短期的快速增长，但天变灰了、水变黑了、山变秃了，环境的破坏又反过来长期制约和影响当地经济的发展，又必须花大力气治理环境。以牺牲生态环境为代价的"高速"发展，实际上是对资源的最大浪费和破坏，是对可持续发展的最大制约，是一种得不偿失的发展途径。我们认识到，优越的生态环境是武义经济社会发展潜在的最大的优势之一，是实现经济可持续发展的基础和前提。要保持这种优势，就要求武义在推进工业化、城市化，进行经济开发建设的过程中，全面实施"生态立县"战略，摒弃以牺牲生态为代价、"先发展，后治理"的老路，找准工业发展与生态保护的结合点，正确处理当前利益和长远利益、经济发展和环境保护的关系，尽量以最小的环境代价，获取最大的经济发展，使生态优势转化为招商引资的吸引力和富一方经济的生产力。

工业强县、开放兴县、生态立县是相互联系、不可分割的有机整体。工业强县解决的是发展主攻点问题，唯有工业发展了，才能为城市化和城乡一体化提供有力的产业支撑，从而推进经济社会跨越式发展；开放兴县解决的是发展途径和动力问题，唯有实施大开放，才能较为迅速地扩大产业规模，促进企业和产品上档升级，做大县域经济的"蛋糕"；生态立县解决的是可持续发展问题，唯有做好生态文章，才能保持经济发展后劲。

（三）"三大布局"安排，实施差异发展

由于县域内各生产要素的区域分布不同，有些甚至相去甚远，在发展过程中必须要注重经济区域的合理布局，以获得效益的最大化。因此，我们提出要有条件发展的先发展、快发展，因地制宜，扬长避短，区域突破，梯度推进，构筑经济发展三大区域布局。即东北部地区机声隆隆，重点发展工业；中部地区车水马龙，重点发展旅游业和效益农业；西南部山区满目葱茏，重点生态保护和发展生态旅游。

1. 东北部地区机声隆隆

充分发挥武义县东北部地区交通便捷、紧邻发达地区、工业基础较好等优势，着力构建"一中心两翼"，即以县城为中心，以永武县的桐琴镇、泉溪镇和靠近高速公路互通口的茭道镇、履坦镇为两翼的工业集聚区域。依托义乌中国小商品城、永康科技五金城的发展优势，增强开放意识，强化招商引资，主动接受发达地区辐射，努力实现产业集聚和人口集聚。

2. 中部地区车水马龙

充分发挥武义县中部地区旅游资源丰富、生态环境良好的优势，以溪里温泉为龙头，以俞源太极星象村、郭洞古生态村为重点，以大红岩、清风寨、寿仙谷、延福寺、熟溪桥等一批景区和名胜古迹为依托，大力发展温泉养生、人文生态旅游。

3. 西南部山区满目葱茏

在把生态环境保护好的基础上，将绿水青山变为金山银山的通道，开发牛头山、十里荷花等生态旅游，大力发展有机农业。

（四）推进三大接轨，实现精准借船出海

由于武义经济是"外力推动型"经济，就要融入周边经济圈中，把武

义看成是周边经济圈的一部分。我们根据周边发展环境和不同区域特色，进一步提出了利用外部产业、市场、公共服务辐射的三大接轨，即产业接轨永康、市场接轨义乌、城市接轨金华。产业接轨永康，积极融入永康小五金产业链中去，与永康联手打造国内最大的小五金制造业基地；市场接轨义乌，大力发展来料加工业，建成中国小商品城一个重要的生产基地；城市接轨金华，从金华中心城市卫星城的角度，主动融入金华市区谋发展，把武义建设成宜业宜居的生态型现代化城市。

（五）三大效应，引领武义跨越发展

改革开放后，武义逐渐从农业社会进入到工业化初期阶段，及时调整了工作思路，创办了工业园区，引发了"洼地效应""鲶鱼效应"和"蛟龙效应"，促进了武义经济实现跨越式发展。首先，利用周边永康、义乌等发达地区产业结构调整和转移造成资本、产业、人才溢出所带来的机遇，主动接受永康的五金工业辐射来发展工业，构成了具有武义特色的"洼地效应"。外来企业进入之后，增强了本地企业的危机感和紧迫感，逼迫产生创业冲动，加快二次创业步伐，由此产生"鲶鱼效应"，推动武义工业良性竞争、快速发展。在"洼地效应""鲶鱼效应"的推动下，武义县三美化工、恒友机电、武精机器、张氏包装、正点实业等一大批"小巨人"企业脱颖而出，成为产业发展龙头企业，形成了"蛟龙效应"。

近 20 年来，武义县通过实施一系列发展思路"组合拳"，取得了巨大的进步。一方面，突破了以前狭窄的发展视野，跳出武义来谋划武义发展，另一方面，按照经济规律、结合自身实际找准发展路径，实践证明是行之有效的。

三、武义实现乡村蝶变的主要启示

从 20 世纪末开始的近 20 年时间，武义县实现追赶发展、跨越发展（见

表9-5）。工业经济弯道超车、旅游经济异军突起、有机农业走在前列、超市经济遍布全国，特别是武义的下山脱贫走进联合国，被专家学者誉为"中国反贫困战略创新的最佳县域样本"；"后陈经验"走出浙江、走向全国，写入《中华人民共和国村民委员会组织法》，由"治村之计"上升为"治国之策"，成为金华乃至浙江的金字招牌。2020年，实现地区生产总值271.3亿元，完成财政总收入44.7亿元（超过浦江、兰溪），其中一般公共预算收入27.5亿元，规上工业563家、实现增加值95.5亿元，固定资产投资75.9亿元，外贸出口额240亿元，接待游客1878万人次、旅游总收入186亿元，城乡居民收入分别为44759元和21076元，城镇化率超过68%，县域经济综合竞争力全国排名172位[①]。

表9-5　　　　　　　　武义县跨越式发展时间节点

项目	1995年	2000年	2020年
GDP	17.72亿元	27.50亿元	271.3亿元
工业总产值	32.56亿元	52.01亿元	672亿元（统计数据未出，大致预测数）
规上工业产值	没有规上工业统计口径	11.74亿元	527.19亿元
财政收入	0.80亿元	1.55亿元	44.7亿元
农业产业	6.23亿元	7.67亿元	26.28亿元
旅游	0.08亿元	0.59亿元	186.29亿元
城市建成面积	4.72平方千米	7.1平方千米	19.93平方千米
交通里程	561千米	759千米	1445千米
居民储蓄余额	6.10亿元	12.80亿元	359.13亿元

注：下山脱贫成效卓著，累计搬迁425个自然村、1.7万户、5万余人，下山人口占全县农业总人口的1/5。城镇居民人均可支配收入从7558元增长至44759元，农村居民人均可支配收入从3009元增长至21076元。
资料来源：武义县统计局. 2021年武义统计年鉴［EB/OL］.（2021-11-16）［2022-01-30］. http：//www.zjwy.gov.cn/art/2011/11/16/art_1229423545_3933335.html.

从中国革命取得胜利的经验出发来总结武义县的发展经验，我们可以发

———
① 武义县统计局. 2021年武义统计年鉴［EB/OL］.（2021-11-16）［2022-01-30］. http：//www.zjwy.gov.cn/art/2011/11/16/art_1229423545_3933335.html.

现武义县为什么能实现跨越式发展？就是因为武义县找到了马克思主义、毛泽东思想、邓小平理论、"三个代表"重要思想、科学发展观和习近平新时代中国特色社会主义思想与武义具体实际相结合的路子，并形成了"武义模式"。"武义模式"的精华之处就是奋力谱写了后发赶超、下山脱贫、后陈经验"三篇文章"。多年来，武义县这"三篇文章"吸引了来自全国各地的新闻记者、专家、学者，他们对武义县进行采访、调研，以期探究"武义模式"的成功秘诀。其中，仅采访下山脱贫工作的新闻稿件就达数以千篇。无论是新闻记者，还是专家、学者，他们都从自身职业、立场出发，发表了许多真知灼见。他们的观点、见解可以给我们带来多方面的启示，这些启示或许对其他地区的发展也具有重要的借鉴意义，甚至可以启迪未来。

（一）讲政治，扛起责任，坚守"以人民为中心"的发展理念

一切为了人民，一切向着人民，一切为了实现人民的共同富裕。把人民拥护不拥护、赞成不赞成、高兴不高兴，作为一切工作的出发点和立足点。树立正确的政绩观、牢固的群众观、科学的发展观，不断实现人民对美好生活的向往。

武义县的"三篇文章"写得很出彩，毋庸置疑，这体现了武义人高超的"创作水平"。但是，其动力的源头还是来自中国共产党的领导，来自武义县委的领导。中国共产党的根本宗旨是全心全意为人民服务。共产党员尤其是党员领导干部讲政治就是不忘初心，牢记使命。让武义县山区群众早日脱贫奔小康，让老百姓有更多的获得感、幸福感，这就是武义县历届县委一班人努力扛起的责任和使命。

只有讲政治，有信仰和理想，树立正确的"三观"，才有正确的"政绩观"，才不会做表面文章，才不会好大喜功，才能力戒形式主义、官僚主义，才能把高超的"创作水平"用对方向。

譬如20年前，如果把很大精力、财力用到筹建县行政中心办公大楼上，那么一幢现代化的县行政中心办公楼早已建成，但是，永武二线等许多工程势必受到影响，永武二线工程不能及时建成，又将迟滞或损害"产业接轨永康"战略的实施。

（二）鼓勇气，一切从实际出发才能踏平坎坷成大道

只有精准把握发展大势，科学认识县情实情，正确研判一个区域的历史文化、发展阶段、资源禀赋、产业结构和风土人情，才能在自身优势和劣势的比较中，找准发展突破口，因地制宜、实事求是确定工作重点和政策举措。

20年前，制约武义城市发展的因素比比皆是。无论是当时的城市人口、建成面积、财政收入，还是交通基础建设等，其中每一项的指标都让人怀疑"城市接轨金华"的可行性。面对眼前许多困难和担忧，武义县委还是鼓起勇气，提出并着手实施"城市接轨金华"战略。

20年后的今天，当金武快速路建成通车并与温泉北路无缝相接时，那些过去曾经疑虑的人忽然醒悟：提出"城市接轨金华"战略的确是远见卓识。20年前开始建造仅200米长的温泉隧道，看似小工程，其实却是"革命工程"。穿越北岭的温泉路就是武义县城市发展的"点睛之笔"。

（三）强传承，握实情，保持发展战略和发展思路的连续性

找到一条求实情、管长远、顾全局的发展思路不容易，能够长期坚持、持之以恒的更是难能可贵。不管是"温州模式""苏南模式"，还是"义乌模式"，其发展思路的连续性不可或缺。武义县的发展实践再次印证了这种连续性的重大价值。

一个领导干部领导能力强不强，领导艺术高不高，具体的表现之一就是是否善于调研。"武义模式"之所以能打造成形，得益于在大量深入调研基础上，准确把握县情和周边的发展环境，逐步厘清了符合经济社会发展基本规律又切合武义县具体实际的发展思路。毛泽东曾先后发表过《中国农民中各阶级的分析及其对于革命的态度》《湖南农民运动考察报告》等著作，就是后来农村包围城市最终夺取革命胜利的光辉思想的理论雏形。武义县委

学习继承毛泽东"没有调查，没有发言权"[①]的科学论断，做深做实做足调查功课，三大县情、三大战略、三大效应、三大接轨、三大布局等由此产生。20年前编写的《寻求新跨越》《寻找新沸点》正是武义县善调研固化成文字的例证。这些著作及其理论观点，为武义县实现跨越式发展指引了方向。

（四）善统筹，用好"市场"和"政府"两只手，鱼与熊掌可兼得

在现代社会中，没有开放的理念，没有法制的思维，不善于运用"市场"的力量，是万万行不通的。同时，善于运用行政的手段，借助"政府"的力量，才能更好地顺势而为、借势发展。

千百年来，人们在实践反复证明，鱼与熊掌难以兼得，孟子所言被奉为至理。其实，鱼与熊掌的关系就是舍与得的关系，选取与放弃的关系。武义县近30年跨越式发展经验赋予鱼与熊掌这对矛盾以新的内涵。武义县发展工业避免了先发达地区以牺牲生态环境为代价先发展后治理的老路，开创了"北部机声隆隆，南部满目葱茏"后发达地区发展工业的"武义模式"。

2020~2022年，武义县正确处理疫情防控与经济发展、城市建设等矛盾，克服各种困难，取得许多骄人业绩。在继续保持新冠肺炎疫情零确诊病例的同时，固定资产投资增长值、规上工业增加值、低收入农户人均可支配收入增幅等指标均居市级前列；城市更新八大城区改造项目仅20天时间，实现100%签约[②]。抓到鱼，是本事；抓到熊掌，那是大本事。鱼与熊掌兼而得之，那是艺术。

（五）重团结、聚能量，锲而不舍、一以贯之、久久为功

要有"抓铁有痕、踏石留印"的坚毅，"功成不必在我"的胸襟，"不

[①] 毛泽东. 反对资本主义 [M]. 北京：人民出版社，1964.
[②] 资料来源：笔者调研所得。

为一切困难所吓倒，而能克服一切困难"的勇气，敢于担当、善于作为，坚持一个思路抓到底、一种声音喊到底、一种力气用到底，才能事半功倍，创造让人民群众得到长远利益的政绩。

讲不讲团结事关能否形成统一意志、统一号令，事关决策能否兑现落地，事关事业发展能否加速前进，事关事业的成败。武义县在这个问题上是有过深刻教训的。

用一系列数据可以充分证明，"十五"期间，是武义县经济社会发展最快的5年。一个县域讲团结，首先是县委书记、县长讲团结，只有县委、县府整个班子精诚团结，才能把全县干部群众的积极性、创造性调动起来、凝聚起来。

尊重前届县委县政府确定的战略布局，"一张蓝图绘到底"，那是另一种意义上的团结。武义县委县政府继续深化"三篇文章"，既尊重往届领导的付出和劳动，又不局限于原来的战略思维和既有成效。继往开来，这种团结是需要胸怀和气度的。

（六）抢机遇，用足政策的红利

机遇面前人人平等，关键是你敢不敢抢、善不善抢、有没有具备抢的基础和条件。同时，抢机遇也存在力度、效率、效果等问题，不同的抢法，产生不同的结果。武义县跨越式发展之路就是抢全党、全国打赢脱贫攻坚战全面建成小康社会的机遇，就是抢中华民族伟大复兴带来的机遇，就是抢中国崛起的机遇，就是抢时代所赋予的机遇。武义县没有错失机遇。

以武义县交通发展为例，近30年，武义抓住了"四次机遇"，提升了"四个台阶"。其中，以"十五"期间，抓住第三次机遇最为出彩。

第三次机遇就是在时任省委书记的习近平同志提出的"八八战略"指引下，省委、省政府作出"康庄工程"建设重大决策。武义县用足了政策红利，实现了交通建设特别是乡村公路大发展。

参 考 文 献

[1] 陈先枢. 近代湖湘文化转型中的民俗文化 [M]. 长沙：岳麓书社，2017.

[2] 曹阳春，宁凌. 乡村振兴战略背景下的农村公共交通建设——基于公共经济学的视角 [J]. 世界农业，2019（1）：49-54.

[3] 陈旭东. 村务监督制度为何能长效管用——"后陈经验"成为治国之策的内在逻辑和动力源泉 [J]. 政策瞭望，2019，10（20）：48-49.

[4] 陈迎春，李君. 从"治村之计"到"治国之策"——浙江"后陈经验"是怎样进入中央顶层设计的 [J]. 中国领导科学，2019，7（10）：89-92.

[5] 程玉，杨勇，刘震，熊丹丹. 中国旅游业发展回顾与展望 [J]. 华东经济管理，2020，2（19）：1-9.

[6] 杜一力. 中国旅游业经历的四个主要发展阶段 [N]. 中国青年报，2018-08-02（8）.

[7] 丁举贵，何迺维. 农业生态经济学 [M]. 郑州：河南人民出版社，1990.

[8] 费孝通. 江村经济 [M]. 北京：北京联合出版公司，2018.

[9] 付昆. 经济欠发达地区旅游业发展现状及对策 [J]. 甘肃科技，2005，2（28）：17-19，42.

[10] 郭海霞，王景新. 中国乡村建设的百年历程及其历史逻辑——基于国家和社会的关系视角 [J]. 湖南农业大学学报（社会科学版），2014（2）：74-80.

[11]《改革开放简史》编写组. 改革开放简史 [M]. 北京：人民出版社，2021.

[12] 环境保护部,国土资源部. 全国土壤污染状况调查公报 [J]. 中国环保产业, 2014 (5): 10-11.

[13] 高梦浠. 改革开放40年来我国旅游业的发展历程、成就与展望 [J]. 价格月刊, 2018, 11 (15): 73-77.

[14] 黄帅,尹智勇,欧阳琳. 新农村建设背景下衡阳新型城镇化发展战略研究 [J]. 经济研究导刊, 2014, 11 (5): 36-37.

[15] 金华市人民政府. 稳帮扶、拓市场、强主体, 武义外贸领跑全省山区26县 [EB/OL]. (2022-03-03) [2022-04-02]. https://baijiahao.baidu.com/s?id=1726237080119044009&wfr=spider&for=pc.

[16] 蒋文龙,李增炜,朱海洋. 浙江武义:"下山脱贫"再升级 [EB/OL]. (2021-02-22) [2022-01-10]. http://www.farmer.com.cn/2021/02/22/wap_99865753.html.

[17] 贾立政. "后陈经验"正走出一条新路 [J]. 人民论坛, 2014, 8 (1): 70-71.

[18] 揭筱纹,尹奇凤. 新中国成立七十年来旅游业发展历程和演变特征 [J]. 广西财经学院学报, 2019, 12 (20): 1-8.

[19] 卢作孚. 卢作孚文集 [M]. 北京:北京大学出版社, 1999.

[20] 林文雄. 农业生态概论/农业生态论著 [M]. 北京:中国农业出版社, 2019.

[21] 刘钦普. 生态农业概论 [M]. 郑州:河南科学技术出版社, 1995, 01.

[22] 卢永根,骆世明. 中国农业发展的生态合理化方向 [J]. 世界科技研究与发展, 1999 (2): 5-8.

[23] 毛泽东. 学生之工作 [J]. 湖南教育月刊, 1919, 1 (2).

[24] 潘弘毅,李滢洛. 浙江武义景阳村:三十年脱贫路,薪火相传两代人 [N]. 农民日报, 2021-05-22 (007).

[25] 宋恩荣. 晏阳初全集(第一卷)[M]. 长沙:湖南教育出版社, 1989.

[26] 武义县统计局. 2020年武义县国民经济和社会发展统计公报 [N]. 武义报, 2021-03-03.

[27] 武义县统计局. 上半年我县规上工业经济运行情况分析 [EB/OL]. (2021-08-24) [2022-02-10]. http://www.zjwy.gov.cn/art/2022/818art_1229423543_4005475.html.

[28] 武义县统计局. 2020年武义统计年鉴 [EB/OL]. (2020-11-30) [2022-01-30]. http://www.zjwy.gov.cn/art/2011/11/30/art_1229423545_3707084.html.

[29] 武义县政府. 2020年武义县经济运行情况 [R]. 武义县政府办公室, 2021-01-28.

[30] 吴丁宁. 打响"造血"组合拳, 我县10种模式跑出消薄"加速度" [N/OL]. (2020-11-20) [2022-01-10]. http://www.wynews.cn/7960222.html.

[31] 徐杰舜, 海路. 从新村主义到新农村建设——中国农村建设思想史发展述略 [J]. 武汉大学学报（哲学社会科学版）, 2008, 3 (23): 270-276.

[32] 习近平. 在全国脱贫攻坚总结表彰大会上的讲话 [M]. 北京: 人民出版社, 2021.

[33] 徐星, 吴群琪. 乡村振兴战略中交通基础设施配置的路径研究 [J]. 长安大学学报（社会科学版）, 2020, 22 (4): 41-50.

[34] 姚激扬. 探索新时代"后陈经验", 完善村级组织运行机制 [J]. 党建研究, 2021, 3 (1): 59-60.

[35] 金华市统计局. 10月份经济月报 [R]. 金华市统计局, 2021-12-01.

[36] 周庆智. 基层治理: 一个现代性的讨论——基层政府治理现代化的历时性分析 [J]. 华中师范大学学报（人文社会科学版）, 2014, 53 (5): 19-28.

[37] 周作人. 日本的新村 [J]. 新青年, 1919, 6 (3): 24-35 (1002-3593).

[38] 中共中央文献研究室, 中共湖南省委《毛泽东早期文稿》编辑组. 毛泽东早期文稿 [M]. 长沙: 湖南人民出版社, 1990.

[39] 赵泓. 新村主义在中国的传播及影响 [J]. 贵州教育学院学报, 1992 (1): 39-45.

[40] 中国文化书院学术委员会. 梁漱溟全集（第2卷）[M]. 济南: 山东人民出版社, 1990.

[41] 周立. 乡村振兴战略与中国的百年乡村振兴实践 [J]. 人民论坛·学术前沿, 2018 (3): 6-13.

[42] 周芳, 周志兵, 李婷, 鄂干毅. 在浙江看县域经济: "全国第一" 为何比比皆是 [N]. 湖北日报, 2021-08-09 (02).

[43] 张铖倩. 武义 "超市经济" 三十年闯出共同富裕路 [N]. 金华日报, 2021-05-31 (01).

[44] 朱跃军, 李增炜. 武义: "四张报表" 驱动协调跨越发展 [N]. 武义报, 2021-03-16 (03).

[45] 郑敏强. 坚持和完善以村务监督为核心的基层治理, 推动基层民主政治建设深入发展 [J]. 党建研究, 2019, 12 (1): 46-47.

[46] 中华人民共和国生态环境部. 2018 中国生态环境状况公报 [EB/OL]. (2019-05-29) [2022-01-30]. https://www.mee.gov.cn/ywdt/tpxw/201905/t20190529_704841.shtml.

[47] 张小可. 中国旅游业发展历程 [R/OL]. (2016-04-07) [2022-01-30]. https://www.docin.com/p-1521129778.html.

[48] 朱晓洁. 升级旅游产品开拓市场取得新突破 [N/OL]. (2009-10-21) [2022-01-30]. http://wynews.zjol.com.cn/wynews/system/2009/11/03/011545131.shtml.

[49] 李冰克. 晏阳初的乡村教育运动及其历史启示 [J]. 党史文苑 (下半月), 2008, 11: 27-29.

[50] 李烊, 刘祖云. 近代中国乡村建设思想的回眸、反思与展望——以梁漱溟、晏阳初和费孝通为中心的考察 [J]. 中国农史, 2022 (2): 122-135.

[51] 朱静怡. 扶贫史上的武义创举——从 "山民" 到 "市民" 的下山脱贫工程 [N]. 金华日报, 2018-12-28.

[52] 姚激扬. 深化新时代 "后陈经验" 完善 "一肩挑" 背景下村级组织运行机制 [N/OL]. (2021-07-21) [2022-01-03]. https://mp.weixin.qq.com/s/zh4djv8CwDsqyyz948D-Rg?.

[53] 卢永根, 骆世明. 中国农业发展的生态合理化方向 [J]. 世界科技研究与发展, 1999 (2): 1-4.

[54] 丁举贵, 等. 农业生态经济学 [M]. 郑州: 河南人民出版社, 1990.

[55] 闫增强, 刘小芳. 我国发展生态农业经济面临的严重问题及对策 [J]. 生态经济, 2004 (3): 34-37.

[56] 王农, 刘宝存, 孙约兵. 我国农业生态环境领域突出问题与未来科技创新的思考 [J]. 农业资源与环境学报, 2020, 37 (1): 1-5.

[57] 金中梁. 武义的"农民超市现象" [J]. 政策瞭望, 2004 (8): 19-21.

[58]《党的十九大报告辅导读本》编写组. 党的十九大报告辅导读本 [M]. 北京: 人民出版社, 2017.

[59] 习近平. 农村绝不能成为荒芜的农村 [EB/OL]. (2013-07-23) [2022-01-03]. http://cpc.people.com.cn/n/2013/0723/c64094-22297499.html.

[60] 魏后凯. 如何走好新时代乡村振兴之路 [J]. 人民论坛·学术前沿, 2018 (3): 14-18.

[61] 刘合光. 乡村振兴战略的关键点、发展路径与风险规避 [J]. 新疆师范大学学报 (哲学社会科学版), 2018 (3): 25-33.

[62] 陈丹, 张越. 乡村振兴战略下城乡融合的逻辑、关键与路径 [J]. 宏观经济管理, 2019 (1): 57-64.

[63] 张军. 乡村价值定位与乡村振兴 [J]. 中国农村经济, 2018 (1): 2-10.

[64] 周文, 司婧雯. 乡村治理与乡村振兴: 问题与改革深化 [J]. 河北经贸大学学报, 2021, 42 (1): 16-25.

[65] 周文, 刘少阳. 乡村治理与乡村振兴: 历史变迁、问题与改革深化 [J]. 福建论坛 (人文社会科学版), 2021 (7): 47-59.

[66] 张锦. 乡村振兴战略背景下的乡村旅游规划设计作 [M]. 太原: 山西经济出版社, 2021.

[67] 杨照东. 立足"三农" 推动乡村振兴: 中国农业农村经济发展创新研究 [M]. 北京: 中国商务出版社, 2020.